股市提款密技

陳信宏［當沖贏家］

從20萬到6000萬的操盤之路

群益證券資深經理人／余曉梅
兆豐證券資深經理人／姚嘉派
凱基證券業務副總經理／俞全福
強力推薦

推薦序

余曉梅／群益證券資深經理人

拜讀完信宏本次出版的《股市提款密技》一書，對於其初入股市因為毫無頭緒而在股市殺進殺出，導致一路慘賠的印象特別深刻。此段經歷提供了廣大投資人一個良好的借鏡，說明了在成為贏家之前常常是需要經歷過輸家的磨難，透過慘痛經歷後學會避開輸錢的模式，逐漸找到適合自己的贏錢方式才能穩健成長。

本書隨後馬上帶領讀者進入如何反敗為勝的關鍵之處，作者毫不藏私的娓娓道來其股市提款的密技，讀者如能反覆推敲其中的思考脈絡，定會對個人操盤功力有所助益。再者，本人也非常認同信宏兄特別強調的觀念：踏入股市的第一步就是要先確定正確的研究方向——也就是反市場與科學的統計研究。投資人如果能夠分類歸納市場大眾的操作習慣，並加以統計研究比對，長時間觀察必能建立有系統的交易模式，進而提高自己的獲勝機率。

另外值得一提的是，書中案例全部都是信宏兄個人寶貴的交易實錄，是市面上少有的真槍實彈教材，也唯有如此真實深刻的操作過程，才能讓投資人有身歷其境的感覺。看完這些精彩的交易實例，投資人定會驚嘆連連，也會發現原來看似平常的市場交易中，竟隱藏了這麼多精細的操作技巧。

讀完本書後可以逐漸體會贏家思考邏輯的絕妙之處，並建議讀者同時靜下心來思考自己操作交易中的問題，透過這樣不斷地閱讀與思考淬鍊，相信要成為股市中的贏家並非難事，因此也強烈推薦這本《股市提款密技》給想要在股市中發光發熱的投資人。

推薦序

姚嘉派／兆豐證券資深經理人

聽聞信宏兄將出版第三本大作，心裡著實嚇了一跳，一肚子的問號湧上心頭，短短3年時間不到，大作一本接著一本問世，難不成是換湯不換藥、了無新意？抑或東拉西扯湊篇幅？及至撥冗拜讀新作《股市提款密技》，疑惑才得以獲得解答。

本書延續前2本著作——《股市提款機》及《股市提款卡》的精神，通篇股市操作為主調，少卻長篇大論及艱澀分析，必能如前2本書籍般迅速擄獲投資人的目光，也能裨益廣大投資人少走冤枉路。就以首章「股市的成功之道」來說，坊間論股市專書汗牛充棟，對於「反市場」論調，不是一語帶過，就是標題式的總結，讀來隔靴搔癢。反觀作者卻窮多年心力，親自下海操刀並得到成果，印證作者標榜「反市場與科學的統計研究」之可行。

再者，投資是需要學習的，孫子兵法曰：「多算勝，少算不勝，何況無算乎」，作者「用心」將投資人常忽略、卻至關獲利與否的議題，如全額交割股、合併收購、可轉債……等，經由其細膩的思維及實戰經驗，皆有不錯的回報，投資人只要用心細讀，掌握「眉角」，相信對股市的操作更能得心應手。

與信宏兄結識以來，每次的交談都能感覺到他又「進化」了，趁著春暖花開、大地回春之際，希望本書的問世能將「簡單又安全」的操作方法公諸於世，祈能讓投資朋友操作更順遂、生活更美好，早日達成財富自由的境地，故樂為之序。

推薦序

俞全福／凱基證券業務副總經理

坊間股票投資的書籍琳瑯滿目，但多數的書都是事後諸葛、看圖說故事，或是盡說些形而上的哲理，對投資人來說，看完整本書後，還是無法得到能夠確實獲利的方法。主要原因就是作者本身根本沒有實際的進行交易，僅就歷史股價的變動，以馬後炮的方式把它編成一套生動的故事而已。

股市贏家陳信宏先生的最新力作《股市提款密技》，匯集了他自己多年來累積的經驗，以實際操作過的股票為實例，誠實的公開買賣交割單，從如何尋找標的、鎖定標的、進場交易到獲利出場，逐一解釋說明，每個案例都是從頭到尾帶領讀者走一遭，讓讀者真正學會能夠獲利的操作方法，是一本完全真實的獲利密技。

股票投資貴在穩健獲利，本書就是在分享這份寶貴的方法。我個人真誠的向大家推薦，依循贏家的腳步，站在贏家的肩膀上，讓自己第一次投資就做對，從此做個快樂的投資人。

自序

繼《股市提款卡》上市至今已經近四年了，這幾年來筆者接觸到不少有緣的讀者，在與這些讀者的互動過程中，彼此都助益不少，同時也更深刻體會到操作始終逃不出人性。大部分的讀者（包括過去的我）於交易上總圍繞一些共通盲點，這讓我不斷思考是否一般投資人亦面臨同樣的困境，因而再度燃起我寫作的動力，希望藉著個人的操作經驗與實戰記錄，能讓廣大的投資人有所參考。這次我也特地把自己操作的邏輯描繪地更加仔細，引頸企盼更多讀者因接觸到這本拙作而開啟另一扇思考之窗，進而學會從不同角度來看待股票市場。

在此誠懇的建議投資新手，踏入股市的第一步就是要先確定正確的研究方向——也就是反市場與科學的統計研究。能否在股市中長期賺錢，關鍵之處就是一開始的研究方法是否正確，如果投資人自己沒有一套科學且有用的方法，那就非常不建議您踏入股市。對於股市老手我也誠摯的希望您能靜下心來讀完這本書，定能讓您重新思考未來的研究方向，對於投資路上的思考鍛鍊將有不少啟發。

雖然筆者近幾年來在股市裡是常勝軍，但在這十幾年的股市生涯中，看過太多大戶之大起大落，在這市場待得越久，反而越敬畏這個市場。畢竟不管你贏了多少，只要一天還沒離開股市，那就不算贏！希望讀者也能以此精神與態度來面對股市交易，共勉之！

陳信宏

2013/02/05

目錄

第一章
股市的成功之道

1999年3月，筆者初入股市，當時就讀大一的我，努力的學習技術分析，藉著母親資助的20萬元，依照技術分析在股市殺進殺出，一路操作至2001年，資產卻沒有增加，反而慘賠到只剩下不到三萬元。慶幸的是，在此慘痛經歷之後，我痛定思痛的檢討過去之操作，最後決定完全捨棄技術分析，朝向反市場操作與較科學的統計研究，如今終於靠股市實現了財富自由。

如果你是一位股市新手，筆者會建議你，踏入股市的第一步就是要先確定正確的研究方向——也就是反市場與科學的統計研究。就筆者認為，能不能在股市中長期賺錢，最關鍵的是一開始的研究方法正不正確，如果投資人自己沒有一套科學且有用的方法，那就非常不建議你踏入股市，根據統計，90%以上之投資人長期而言都是輸家，差別只在於輸多輸少而已。

如果你是一位股市老手，那麼要你捨棄技術分析可能很難辦到，除非能像筆者一樣，先輸得一塌糊塗後，才能夠對技術分析死心而完全摒棄它吧！大部分的人都是讀了幾本股市技術分析的相關書籍後，覺得賺錢似乎是很簡單的，於是就此開始了操作。十次的出手中，只要其中偶爾贏了幾次，這時就會認為自己像賭神一樣，恨不得別人給他照相時出手攔住，說聲：「我從不拍照的！」；如果賠錢了，那麼技術分析總是會跟你說個理由，可能要再多加入一些參數或是自己學藝不精等等，就這樣無止境的陷入技術分析的陷阱中，這時候筆者再來勸你，你也就更聽不進去了。所以筆者希望你讀完這本書後，能夠重新思考未來的研究方向。

接下來我們就開始進入主題吧！記得2001年發生911恐怖攻擊事件，筆者在股市操作的資金僅剩下三萬元，當時大家都認為美國經濟將會倒退數十年，之後將有更多的反恐戰爭與恐怖攻擊，人們將長期生活在恐怖攻擊的陰影中。很巧的是，當時台灣股市也從3千多點一路上漲至2008年。

也因為911這件事，讓筆者領悟到反市場操作才是股市的成功之道。因此筆者開始嘗試當沖與自己對作，原來自己不敢買的時候就應該買，當自己想買的時候就該賣，資金也開始漸漸地增加了。

911後大盤指數反而一路上攻

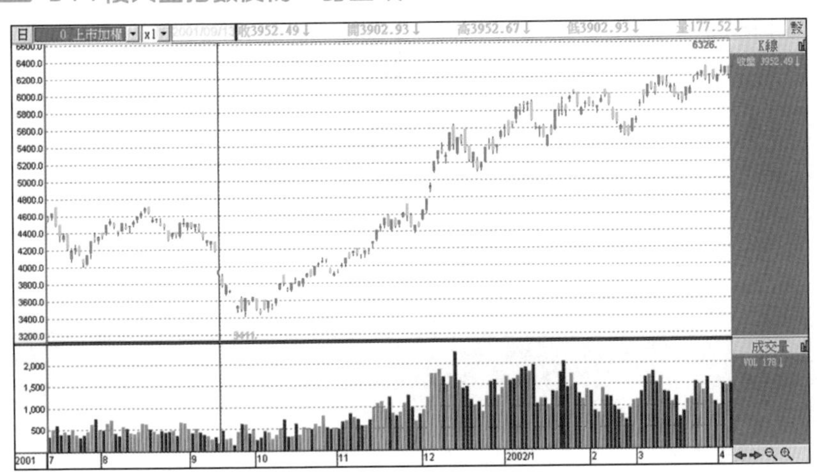

至於在當沖部分，筆者又是如何與自己對作呢？

舉個例，天揚（5345），該股股價急拉時散戶不一定敢去追，但當委買掛很多，我就會很想去追，畢竟後面有許多大單在幫我撐著，這樣我才追得安心。但通常讓你覺得越安心的時候去買進，往往就是住套房的時候了。

天揚（5345）

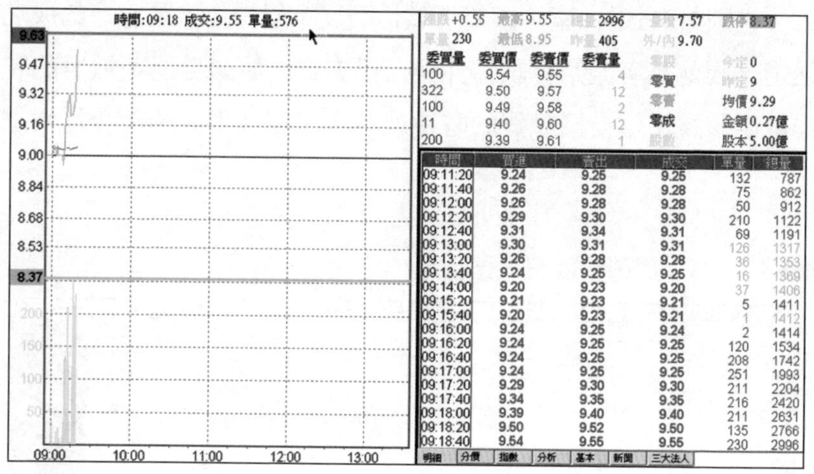

委買量	委買價	委賣價	委賣量
100	9.54	9.55	4
322	9.50	9.57	12
100	9.49	9.58	2
11	9.40	9.60	12
200	9.39	9.61	1

時間	買進	賣出	成交	單量	總量
09:11:20	9.24	9.25	9.25	132	787
09:11:40	9.26	9.28	9.28	75	862
09:12:00	9.26	9.28	9.28	50	912
09:12:20	9.29	9.30	9.30	210	1122
09:12:40	9.31	9.34	9.31	69	1191
09:13:00	9.30	9.31	9.31	126	1317
09:13:20	9.26	9.28	9.28	36	1353
09:13:40	9.24	9.25	9.25	16	1369
09:14:00	9.20	9.23	9.20	37	1406
09:15:20	9.21	9.23	9.21	5	1411
09:15:40	9.20	9.23	9.21	1	1412
09:16:00	9.24	9.25	9.24	2	1414
09:16:20	9.24	9.25	9.25	120	1534
09:16:40	9.24	9.25	9.25	208	1742
09:17:00	9.24	9.25	9.25	251	1993
09:17:20	9.29	9.30	9.30	211	2204
09:17:40	9.34	9.35	9.35	216	2420
09:18:00	9.39	9.40	9.40	211	2631
09:18:20	9.50	9.52	9.50	135	2766
09:18:40	9.54	9.55	9.55	230	2996

主力似乎在跟散戶朋友們說：你們安心地去追吧！我在後面幫你撐著！

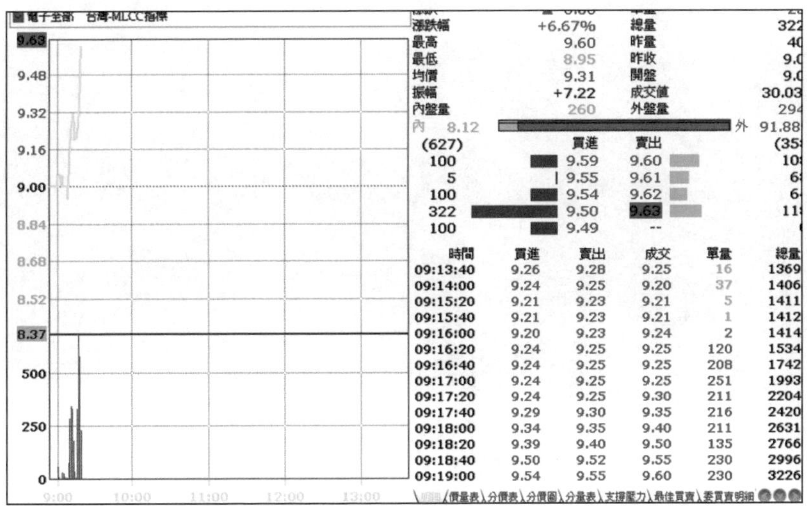

如上圖，如果去追了就成交在9.6元。

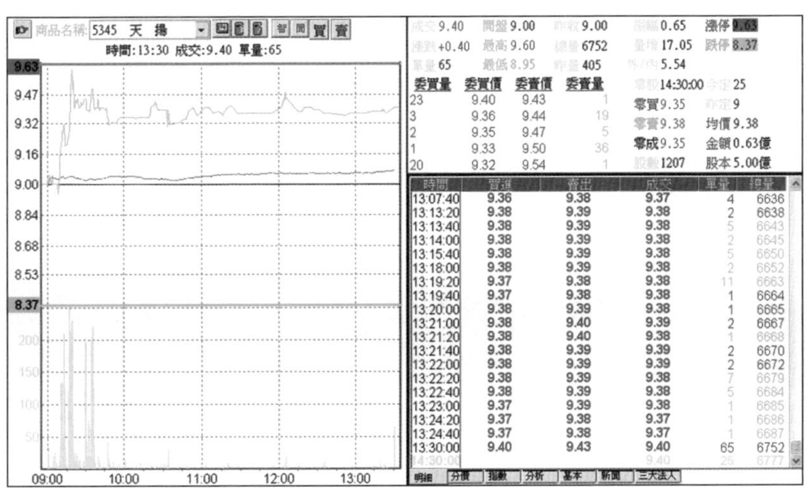

事後看，竟是成交在最高點！

從20萬到6000萬
的操盤之路

第二章
股市裡沒有新鮮事

從911之後，筆者與自己對作當沖了一年，終於在2002年初，靠著當沖與自己對作，資金重新回到了20萬的初始成本，這也證明了反市場操作確實是有用的。我也因此完全拋棄研究數年的技術分析，改以研究反市場操作與較合乎邏輯的統計，並在往後的數年靠著這兩個方法，為自己累積不少的財富。

記得傑西李佛摩曾說過：「**我很早就發現華爾街沒有什麼新東西，也不可能有什麼新東西，因為股票投機歷史悠久，今天在股市發生的一切都在以前發生過，也將在未來不斷地再發生。**」在我的股市生涯中，對這句話有非常深刻的體悟，筆者也深表認同！

2002年，筆者從整日的鑽研技術分析換到了股市資料的統計，發現過去每年之年底年初時，低價位的投機股皆大漲了一波，許多低價股皆翻了數倍，意味著每年之年底年初都有所謂的資金行情或投機行情，遂在當時將身上的所有家當——20萬元全梭了！

☆註

在後續的幾個例子中，可能常看到筆者動不動就Show Hand，這是當初我年紀小不懂事，覺得爛命一條，輸了大不了再重新來過，現在看來，這是非常錯誤的投資觀念。

因當時投機股飆漲的案例繁不勝數，我暫以寶祥（2525）來討論，供讀者研究。

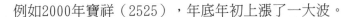

例如2000年寶祥（2525），年底年初上漲了一大波。

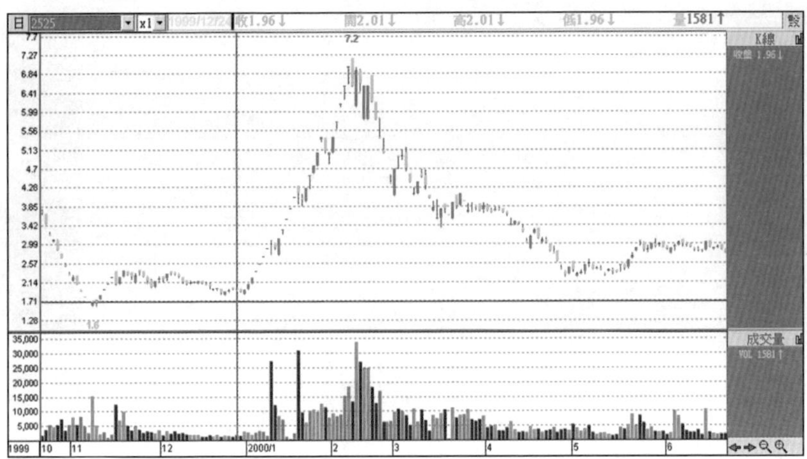

例如2001年寶祥（2525），年底年初上漲了一大波。

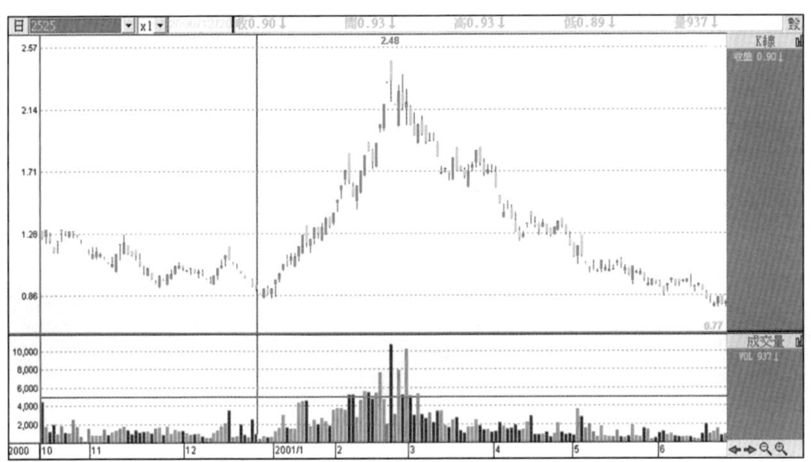

例如2002年寶祥（2525），年初上漲了一大波。

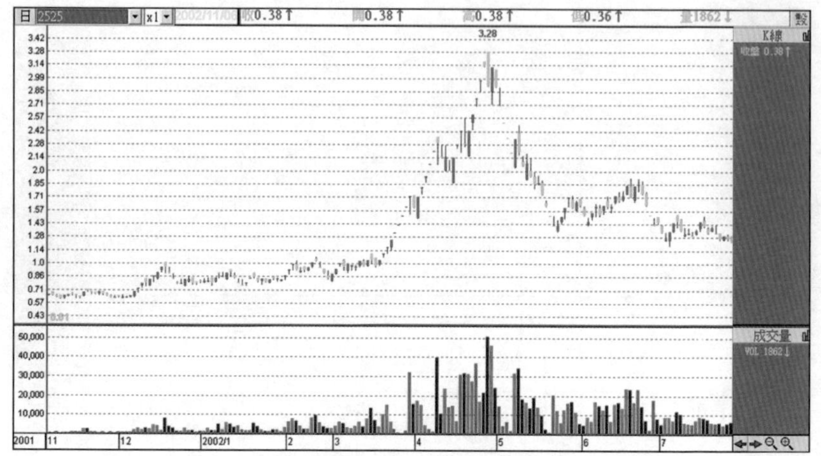

也因此筆者於2003年年初時，買進了寶祥（2525）這檔股票。在0.25元時買進了數百張，並於0.5元、獲利一倍時出場。如下圖：

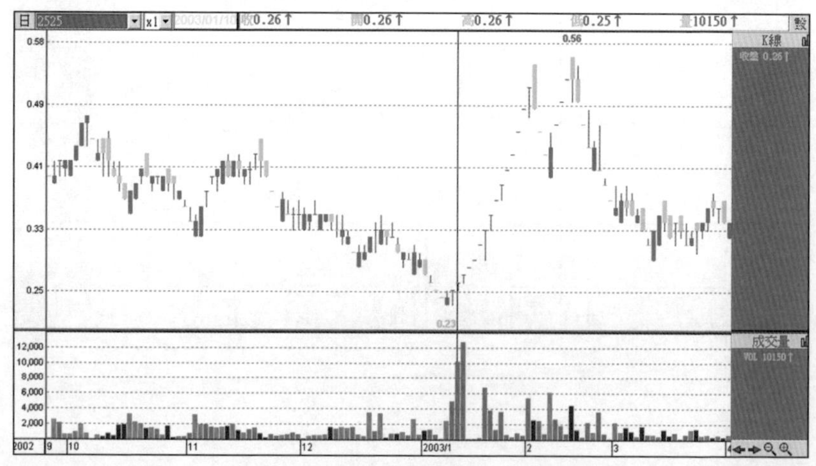

記得當初我是賣在2月中旬，賣出的原因則是運用反市場心理，於飆股的第二次長黑出場。

筆者認為，市面上關於技術分析的書籍汗牛充棟，每本書都教你長黑大量則是主力出貨，這也是初學技術分析的投資人必會的基本招。如果真是如此，那麼主力怎麼能順利出貨呢？長黑大量誰敢進去承接呢？

也因此我認為大部分飆股的第一根長黑通常都是騙人的，第二根甚至第三根長黑才可能真是主力出貨，故在2月中旬的第二根長黑賣出了持股，獲利近一倍左右。

出清股票後，2003年4月底、5月初正逢SARS爆發，打開電視就是關於SARS的疫情報導，累積病歷與隔離人數不斷地上升，再搭配上新聞台的緊張配樂，我也覺得股票可能會跌至兩千多點了。

這時我一直在思考一個問題，既然大家都這麼害怕，但卻仍有成交量，有成交量就代表有人買也有人賣，賣的人很正常，一定是大部分的投資人；買的人呢？買的人真的是傻瓜嗎？世上會有那麼多有錢的傻瓜進去買嗎？

於是筆者再一次的全壓買進華映（2475），融資買進9元×100張。當時我也想好最壞的情況，如果股價續跌可能融資追繳，那就只好動用當時的好朋友——現金卡了。

記得那時現金卡浮濫，就連當初就讀大學、無工作收入的筆者，手中都有數張的信用卡與現金卡，可動用的金額也有3、40萬，而動用一次現金卡就要100元的手續費，且以金額一萬元來算，利息是一天5元，換算成年利率則是近20%。

當然這是一個非常不好與不明智的錯誤示範，投資股票切忌借錢買股票，同時全壓的方式也是非常錯誤的。現在每每回想起來，餘悸猶存，只能說當時筆者運氣好，有幸沒有淪為卡奴，要是以後兒子如此，我早就打死他了。

當初之所以買進華映（2475）的原因，單純是覺得大盤非常的恐慌，是個進場的好時機，遂隨便選了檔股票買進。再則因為它從46元跌到只剩8、9塊錢，跌了不少，所以就選擇較低價位的華映。（事後看來，SARS後華映漲得算少的，當時隨便買檔股票都至少漲2～3倍。）

兩個月後於16元賣出，淨賺70萬，這是筆者從股市裡賺到的人生第一桶金。

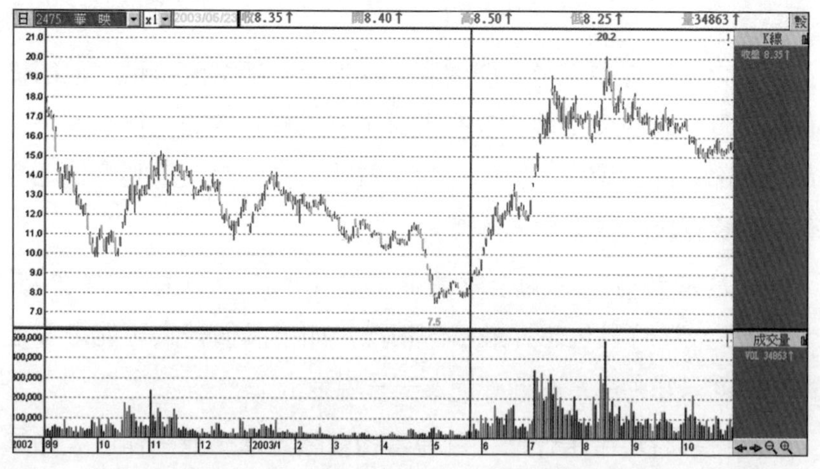

大約9元時買進華映，兩個月後以16元賣出。

同時期的2003年大盤走勢圖。

2003年底時，我的資金約有160萬左右，再度show hand買入寶祥（2525）、皇普（2528）、嘉畜（1458）、中日（1212）、春池（2537）等。

買進原因主要也是因為年底年初將主漲投機股，且華隆（1407）這檔投機股已經從10月時先飆翻了。

華隆（1407）2003年10月即開始先飆漲了不少

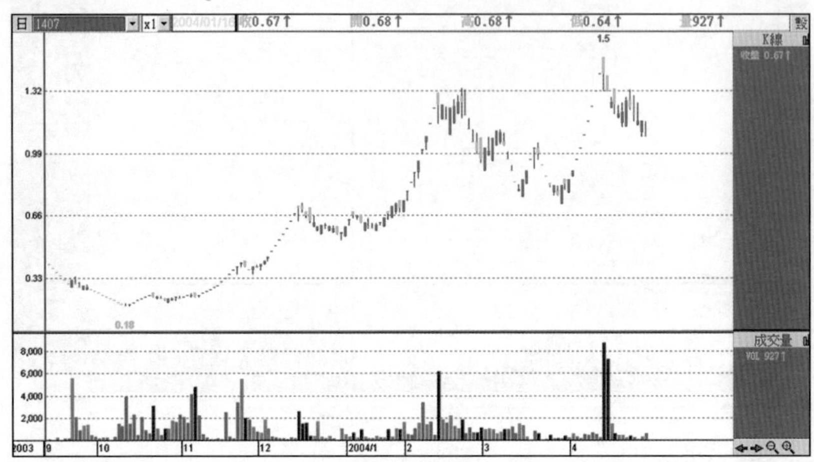

寶祥（2525）2003年年底開始發動

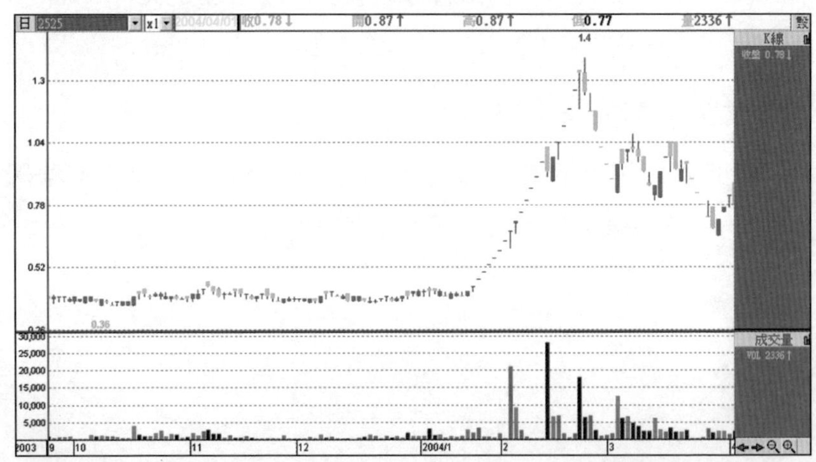

皇普（2528）2003年年底開始發動

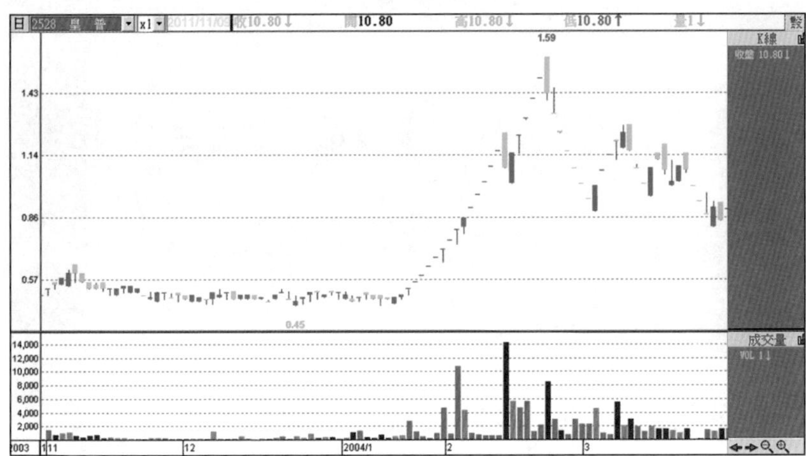

嘉畜（1458）2003年年底開始發動

中日（1212）2003年年底開始發動

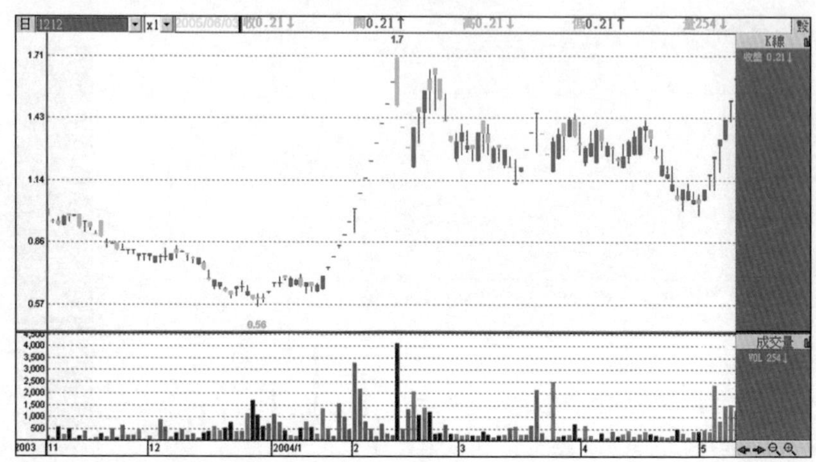

春池（2537）2003年年底開始發動

筆者於2004年2月初全部出清，獲利近2百萬，當時資金已約有3、4百萬。之後也靠著當沖與波段投資，在2006年時賺到了八位數的資金。

近幾年來，我的波段主要操作方式有以下幾種：

1. 把握年底年初的投機股行情。

2. 反市場操作。

3. 個股的恢復與變更交易等。

從20萬到6000萬
的操盤之路

第三章
關於反市場操作

其實股票市場中，幾乎一兩年就有一次突發性的大利空，當大家覺得這個利空未來將會影響市場很深的層面時，指數卻下跌了一小段後即不再下跌而盤整，這時投資人進場都會提心吊膽，那麼這就是一個很好的進場時機了。

人性是很奇怪的，當有某個大利空出現時，大盤一開始還沒反應，那麼大家只會對這個利空半信半疑，等大盤開始急殺後，這時大家才會開始擔心害怕這個利空對未來股市的影響。之後利空持續的發酵，而指數已不再下跌甚至緩步向上了，那麼這就是一個很好的進場時機點。

2004年政黨輪替時，發生了319槍擊事件，筆者進去搶了一次。

2006年紅衫軍事件越演越烈，當時的指數在高檔震盪，筆者買的時候提心吊膽。

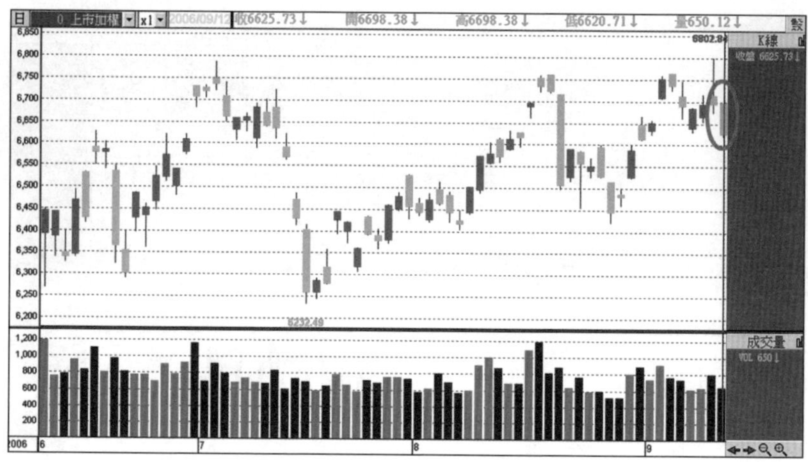

之後指數上漲了一大波。

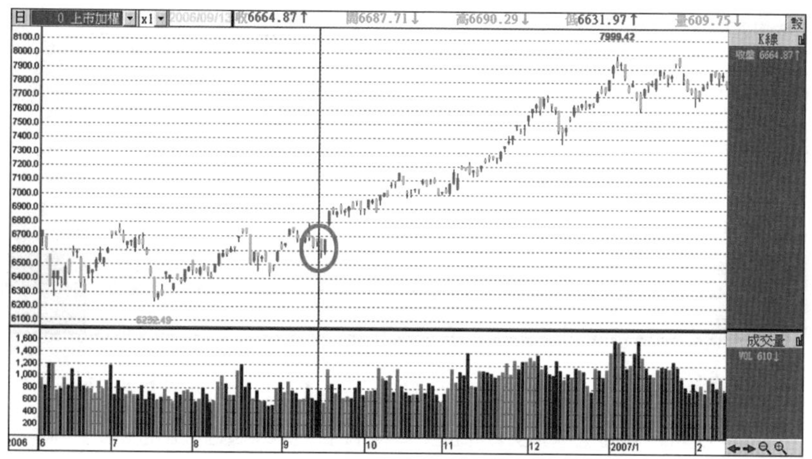

2009年7月H1N1，當時的新聞也報導得極為恐慌，而大盤指數正在相對高檔，一般人會覺得等大幅度殺下來後再承接。

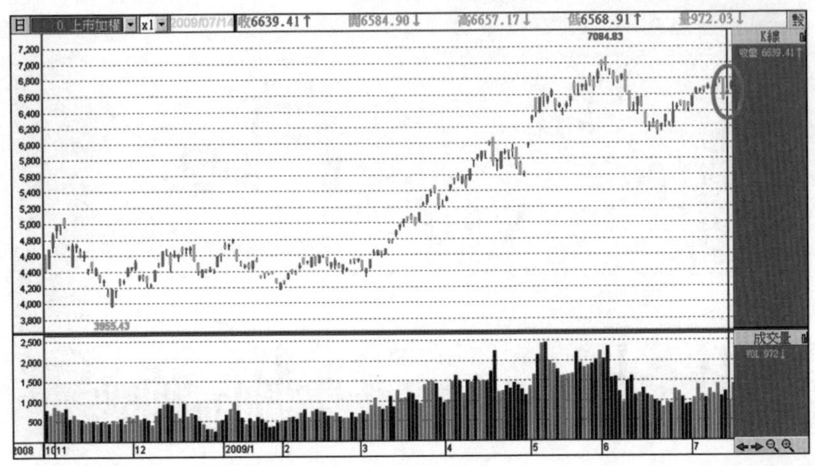

之後指數緩步上漲。如下圖：

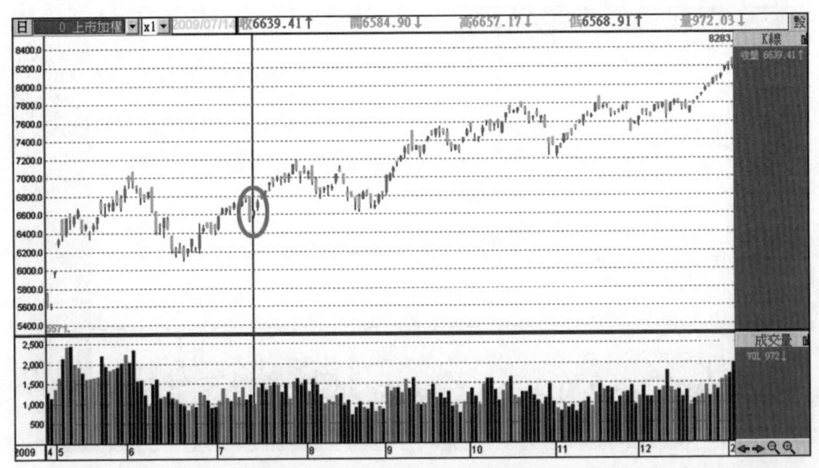

2008年金融大海嘯時，筆者於4700點以下一路買進，買進30多檔低價投機股，共買了約3百多萬的股票。

記得當年的12月，大盤指數約在4300點盤整，報章媒體紛指景氣深不見底，比預期的還壞三倍，而大盤就從此時一路往上回升了。

當時我買進標的主要挑選：

1. 雞蛋水餃股（因又到了年底，反彈可能主漲投機股）。
2. 董監持股高15%以上（較不會發生掏空等現象），如飛信（3063）大股東是仁寶，先豐（5349）的大股東是永豐餘，世紀（5314）的大股東是裕隆等。
3. 淨值高（避免打入全額交割股）。
4. 注意融券有無異常大增。（詳細說明可參閱《股市提款機》）

之後大盤指數一路往上漲到4600點左右，一堆專家們又開始說台股這波反彈是無基之彈（無基本面的反彈），因此就是要比誰跑得快，比誰是最後一隻老鼠！有趣的是，大盤之後並沒有因此而下跌，反而一路上漲，在從4600點一路上漲至6000點時，景氣逐漸開始好轉。

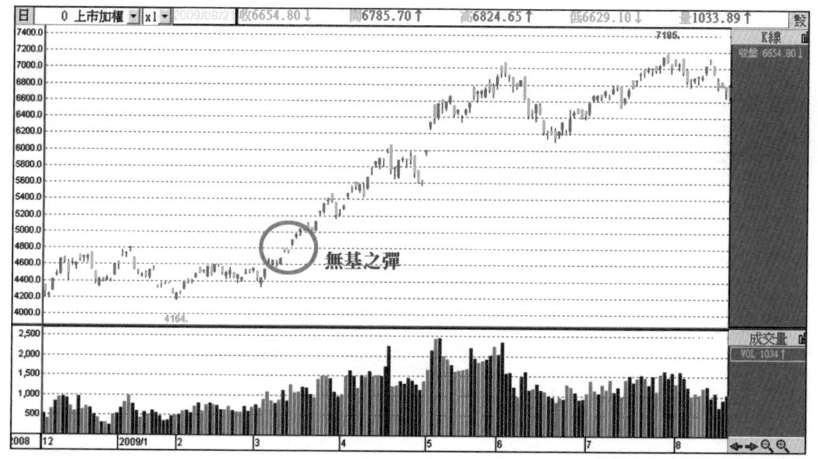

從20萬到6000萬的操盤之路

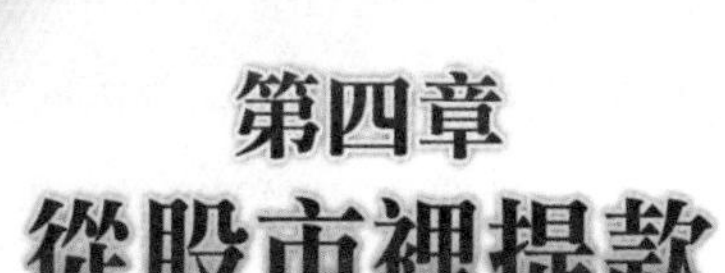

第四章
從股市裡提款

在《股市提款卡》中有詳細說明關於全額交割與信用交易等案例，筆者也靠著這類的操作方式，在股市裡提款了不少錢。因距離《股市提款卡》出版已經有3年多了，這段時間的法規變化頗大，同時我也常收到許多讀者對於操作此類股票的問題，因此筆者再重新整理一遍，常見的問題也一併在此詳細說明。

為避免購買本書的讀者未看過拙作《股市提款卡》，所以先簡單複習一下書中的相關案例，有興趣詳加研究的讀者們，再請參閱拙作《股市提款卡》、《股市提款機》等書。

在說明之前，先簡單介紹財報的繳交日期，以下所說的為舊制，新制則是從民國102年開始，這方面會在之後做詳細的補充。

舊制：

1月、2月、3月；4月、5月、6月；7月、8月、9月；10月、11月、12月

1～3月為Q1；　4～6月為Q2；　7～9月為Q3；　10～12月為Q4

Q1的財報於該季終了後一個月內繳交，所以4月最後一天前要繳交。Q2的財報再加上Q1就等於所謂的半年報，於Q2終了後2個月內要繳交，也就是8月最後一天前要繳交。Q3的財報於該季終了後一個月內繳交，所以10月最後一天前要繳交。Q4財報再加上之前Q1、Q2、Q3就等於所謂的年報，於Q4終了後4個月內要繳交，也就是4月的最後一天前要繳交。而因Q1的財報也是4月最後一天前要繳交，因此我們可以總結如下：

4月底將會公告Q1與去年Q4的財報。

8月底將會公告Q2的財報。

10月底將會公告Q3的財報。

以上為舊制（目前已經稍有改變，將在後文中詳細說明）。

另外該月底最後一日為財報繳交的最後期限，如果適逢假日，那麼將會順延一日至隔月的第一個工作日為財報繳交的最後期限。而主管機關在財報繳交的最後期限收齊財報後，將在隔日的第一個工作天做形式審閱，形式審閱當日收盤後，晚上將公告哪些公司受到處分與恢復等。

關於信用交易的恢復與取消

根據主管機關的規定，可以信用交易（融資融券）的股票，如果淨值低於10元，那麼將被取消信用交易；相對的，如果淨值回升到10元以上，那麼將會恢復信用交易。

對股價而言，取消或恢復信用交易通常算是利空與利多，也因此，我們可以在恢復信用交易前買進股票，等待這個利多；我們亦可在取消信用交易前去放空它，等待這個利空的到來。

信用交易的取消

信用交易的取消共有兩個時間點：

1. 以去年年報與今年第一季季報為主，若這兩者的財報**皆低於**10元以下，將會被取消信用交易，主管機關將在5月的最後一個營業日收盤後公告。
2. 以今年的半年報為主，如果每股淨值低於10元，將會被取消信用交易，主管機關將在9月的最後一個營業日收盤後公告。

值得特別注意的是，**第三季的季報出來如果每股淨值低於10元，那麼該個股是不會被取消信用交易的**，也就是第三季財報於10月底前繳交，而11月底是不會有個股被取消信用交易的。

◆ 信用交易的取消案例：

2009年5月最後一個營業日收盤後，證交所公告力鵬（1447）將於6月1日取消信用交易，也因此6月1日儘管大盤開高，但力鵬開盤即重挫跌停。（如下圖）

從前文可知，通常該股財報於4月底時即可查詢的到，如果知道了這方面的規則，那麼4月底時就可預知6月1日該個股開盤將會重挫，通常筆者也會在前一天放空，並在6月1日開盤時回補，輕鬆賺取高勝算的利潤。

2009年6月1日力鵬（1447）當日走勢圖

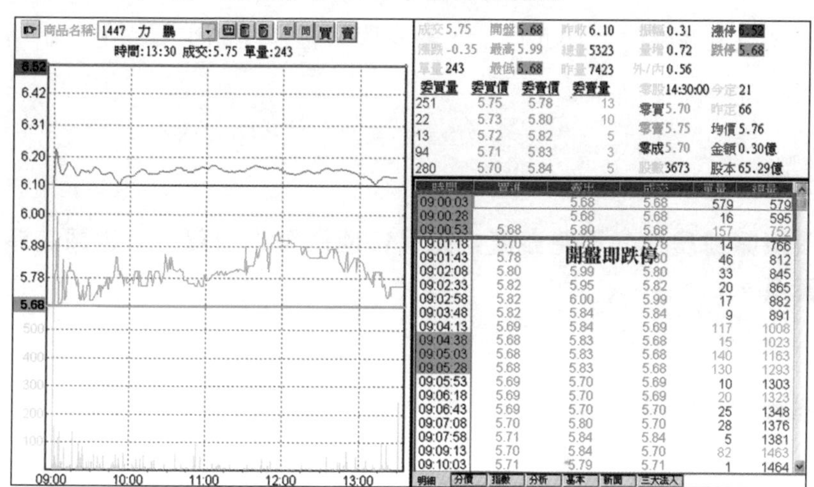

信用交易的恢復

恢復信用交易的時間點共有3個：

1. 以去年年報與今年的第一季季報為主，這兩者的每股淨值只要任一回升至10元以上——將在今年5月的第五個營業日公告。
2. 以今年的半年報為主，其淨值回升至10元以上——將在9月的第五個營業日公告。
3. **第三季的季報如果淨值回升至10元以上，則是由個別公司自由向證交所申請恢復信用交易**，證交所收到申請後的兩個星期，將會公告該公司恢復信用交易。因此Q3的信用交易恢復是比較特別的。

另外上櫃公司的信用交易恢復則還要多一個前提，亦即除了每股淨值要回升至10元以上，該季股東權益總額也要比上一季增加才行。

✰註

股東權益是指公司總資產中扣除負債所剩下的部分，也稱為淨資產。

信用交易的恢復案例：

2009年5月8日週五收盤後，證交所公告南僑（1702）將恢復普通交易，5月11日星期一開盤後，南僑即漲停鎖死。

2009年5月11日南僑（1702）當日走勢圖

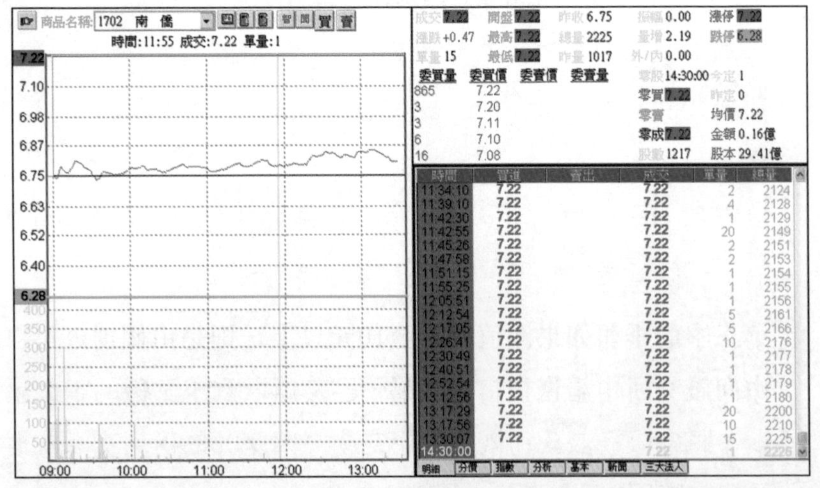

至於Q3財報出來後，公司淨值若回升至10元以上，該如何確認其是否有向主管機關申請恢復信用交易？有些公司會公告，有些則否，通常對於這種情形，我都是親自打電話去該公司詢問確認。

詢問的步驟如下：

先打去該公司找總機後，請她轉接至財務部或會計部，如果他們皆不清楚，那麼最後一步就轉接找發言人了。這時可能有讀者會想，這種問題公司願意回答嗎？甚至公司發言人等願意理我們這些小散戶嗎？筆者的答案是肯定的。畢竟這並非什麼機密，更何況我們自己並沒有試過，怎麼知道人家會不會回答呢？就算失敗了，也沒有什麼損失吧？大部分的投資人對於買股票都缺乏積極的態度，機會是靠自己去主動爭取的，而不是坐著等人家給你。

根據我的經驗，通常公司會先詢問你的身分，我都會說自己為該公司的投資人，之後對方就會很樂意回答你的問題，只要通上了電話，大部分都是知無不言。筆者這幾年為了詢問個股方面的問題，也去電了幾十家上市櫃公司，通常發言人都是很樂意回答問題的。

印象較深刻的是有一次打去全國（9937）找發言人，一連打了幾次都沒找到，不是正好在開會中就是出差洽公，正想放棄時，總機小姐禮貌性的問我是否要留下電話，等發言人回來後再請他跟我聯絡，這時筆者心想：又不是第一天出來混，這當然是對方的客套說詞，發言人哪有這種閒功夫還主動回電給一般投資人呢？不過最後還是留了聯絡資料。神奇的是，半小時後還真接到發言人的電話，而他對於筆者的問題也是知無不言、言無不盡，讓人不得不好好地讚揚一下該公司的發言人！

當然說出這個方法以後，可能會增加一些公司發言人的工作量，筆者只能先說聲抱歉了，能者多勞嘛！不過還是建議各位讀者朋友們，有些資料在網路上都查的到，盡量多用網路搜索即可，不要有事沒事就去麻煩別人，要麻煩別人前自己也得先作點功課，真查不到或不瞭解，再去麻煩別人也不遲。

關於全額交割股

通常我們買賣一般的股票，不論銀行帳戶有無現金，都能夠於當日先買進，在後天早上將錢存進自己的交割帳戶即可。但全額交割股可就沒這麼方便了，投資人要購買此類股票時，必須先匯款到證券公司的全額交割帳戶，等證券公司確認收到你的款項後，才能幫你買進股票，且買進時只能用電話委託，無法網路下單。

另外如果今天匯款到該公司買進股票，不管當日有無成交，證券公司也必須在當日收盤後約下午2、3點時，將剩下的金額再次退還至您的戶頭，如果明日打算繼續買，那麼就要再重複一次匯款的動作。因此對於投資人來說，購買全額交割的股票是非常不便的。

且提款卡轉帳有單日3萬元的限制，跑到銀行匯款則是費時又費事，銀行大部分都是上午9點才開門，如果投資人打算一開盤就買進全額交割股，那麼時間一定來不及，所以筆者是建議直接設定網路約定轉帳，這樣會較方便。

而未來賣出時，持有全額交割股票的投資人，需先打電話給營業員做圈存的動作，時間約3～5分鐘，等營業員圈存完成後，才能幫你下單賣出，同樣的，賣出全額交割股一樣無法藉由網路下單的方式。

關於普通交易打入全額交割股

因為買進與賣出全額交割股是非常不方便的，故一般股票如遭主管機關公告打入全額交割股，那麼將是一個非常重大的利空。而會被打入全額交割股的原因有很多，但最常出現的則是：

1. 該股淨值低於5元。（大部分）
2. 財報有繼續經營假設疑慮。

因淨值變更為全額交割股的審查，主要以最近一季的財報為主，只要財報每股淨值低於5元，那麼該公司就中獎了，將變更為全額交割股。

例如2008年11月3日的英群（2341），當天證交所做了形式審閱後，收盤即公告該股因淨值低於5元而打入全額交割股，之後連續跌停了十幾天。如下圖：

英群（2341）

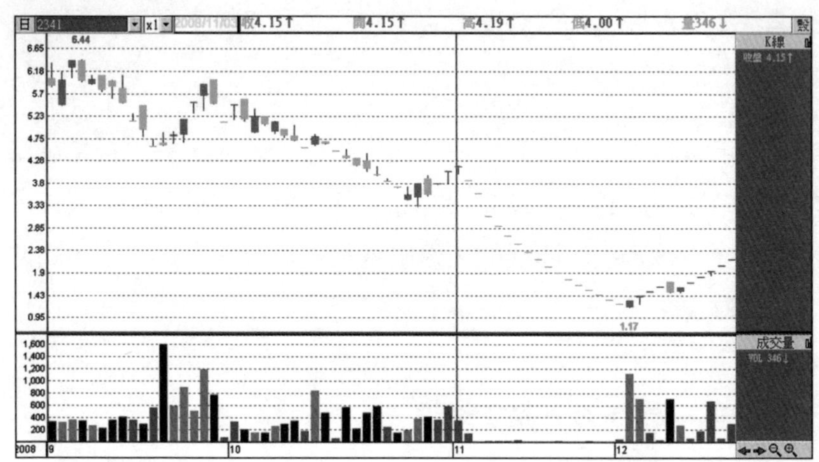

但如果熟悉這遊戲規則的投資人，將可在11月3日當天甚至之前就先行賣出，避開這一個大利空。該股如可以信用交易，更積極的投資人甚至可以放空賺取暴利。

南科（2408）在公告打入全額交割股前尚可信用交易，其財報已經在5月3日就已經公告了淨值只剩下3.79元，因此筆者在5月4日盤中放空了數百萬元的南科，當天收盤後證交所果然公告南科打入全額交割股，之後股價連續跌停了數日，短短幾日筆者獲利不少。

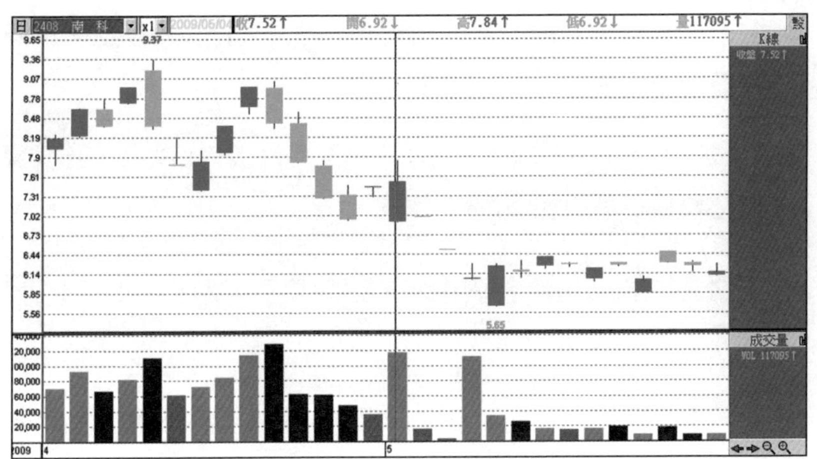

以上舉的這幾個例子大部分為拙作《股市提款卡》中之案例。有許多讀者曾經來信詢問：南科（2408）在淨值跌破5元前的一段時間，不是會先經歷淨值低於10元被取消信用交易嗎？那為何還能放空呢？

針對這點，筆者特別說明如下，因南科（2408）2008年Q3的財報出來後，該股淨值已低於10元，理論上應該會被取消信用交易，然而Q3的季報是不會取消信用交易的，因此該股在5月初被打入全額交割股前，尚可持續信用交易。當然已融資買進或融券放空該股之投資人，就算被打入全額交割股或取消信用交易等，之後還是可以繼續持有部位，直到自己本來的融資融券想了結為止。

關於全額交割股恢復普通交易

因打入全額交割必定跌停數根，所以同理反推，恢復普通交易將是一個大利多。在全額交割股恢復普通交易方面，則分為上市與上櫃：

- 上市股票必須要連續兩季的財報淨值皆高於5元以上，且股東權益需連續兩季超過3億以上。
- 上櫃股票則只需最近一季的財報淨值高於5元以上，且股東權益較前一季增加即可。

關於股東權益須較上季增加，要達成這個要點，通常只有兩條路：

1. 公司本身獲利，才有可能造成公司的淨資產（股東權益）增加。
2. 公司私募或現金增資等，也就是公司印股票賣給投資人，公司收到投資人的資金後，公司的淨資產（股東權益）當然就增加了。

例如某上市公司於4月底公布之淨值低於5元以下，於5月初公告處分，變更為全額交易之股票，若要恢復普通交易，須經過第一期即8月底公布之半年報，以及第二期10月底公布之季報，兩季之淨值皆高於5元以上，則11月初就可以恢復普通交易了。

案例：

力晶（5346）為上櫃全額交割股票，2010年時因第二季減資，導致每股淨值高於5元，所以第二季財報出來後將可能恢復成普通交易，只需再符合另一個要點即可，也就是股東權益要較上季財報增加。

2010年7月6日的這則新聞：

力晶（5346）今天公布第二季自結財報，單季獲利達67.7億元，累計上半年稅後純益達102.7億元，每股EPS1.87元，上半年獲利就突破百億元，與轉投資瑞晶（4932）成為上半年台廠唯二獲利公司。該公司董事長黃崇仁更透露，下半年進入DRAM業的傳統旺季，力晶在出貨逐季成長下，續看好營運成長表現。

由上可知，該公司第二季是有獲利的，且獲利不少，因此不難推測其第二季財報出來後股東權益會增加，之後該股將會恢復成普通交易，筆者也在其恢復普通交易前買進了數千張的股票。

該股於8月底公布財報後，櫃買中心於9月初公告其恢復普通交易，但因正好減資停止交易中，一直到9月14日才可以開始交易，9月14日一開盤即漲停鎖死了8萬5千多張，如下圖：

2010年9月14日力晶（5346）

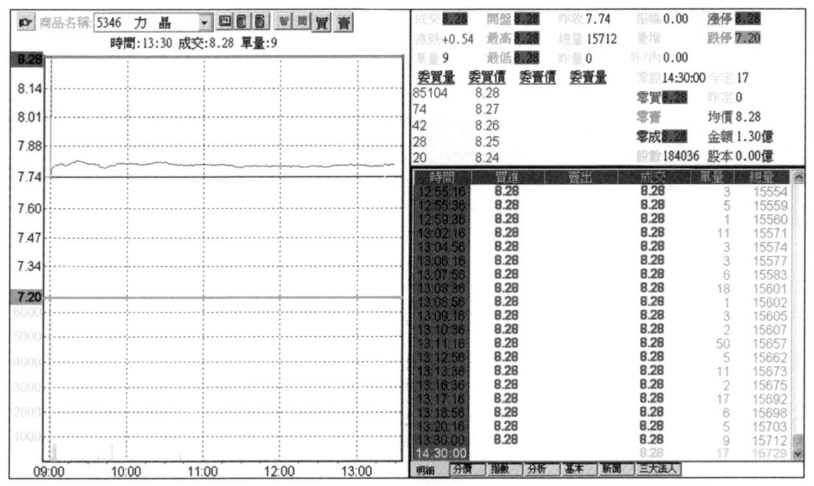

2010年9月15日力晶（5346）

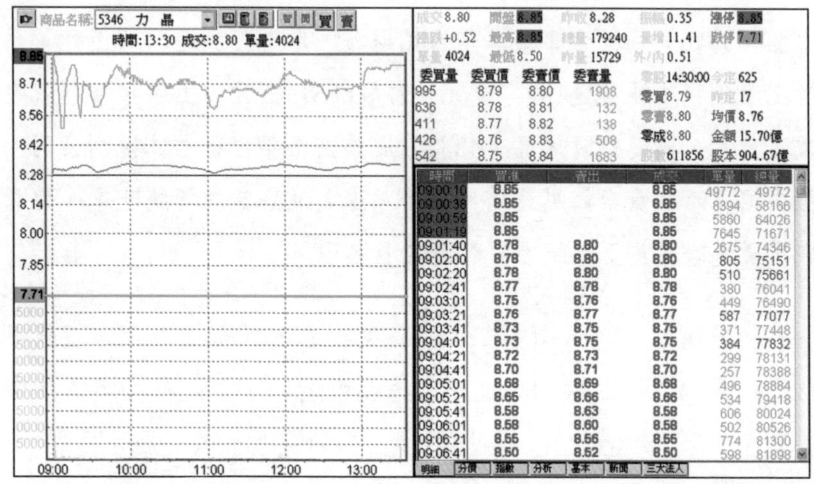

在漲停將打開時，我就出清了全部持股。因這個利多此時已經眾人皆知了，漲停打開就表示想買的人都已買得到了，利多已經反映完畢，當初買進的理由已經消失。之後力晶股價會繼續漲或跌筆者並不知道，但我知道如果再繼續持有那就是「賭」，故於漲停快打開時出清全部持股。

力晶（5346）日K線圖

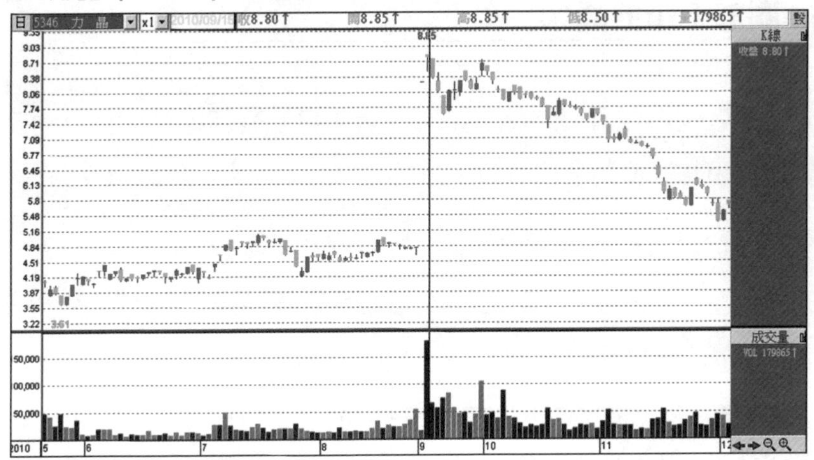

筆者在6月開始分批買進力晶（5346），一路買到9月初時參加減資。在參加減資前我也是稍有猶豫，畢竟對大部分的股票而言，減資後的股價都是偏空較多，但因力晶9月初減資停止交易的期間將會公告恢復普通交易，兩相權衡之下，我認為減資對於股價而言算是小利空，恢復普通交易則是大利多，故當然是參與減資較為有利了。

當時筆者透過多家券商買進，因日期久遠，已無法調出資料，今列舉其中一家之交易明細。

交割憑單查詢												
姓名	交易日期	股票名稱	委託別	買賣	股數	成交價	成交價金	手續費	交易稅	融資自備款 融券擔保款	融資金額 融券保證金	債息 利息
陳信宏	2010/09/15	5346	整股	賣出	221000	8.85	1955850	2787	5867	0	0	0
陳信宏	2010/09/15	5346	整股	賣出	220000	8.85	1947000	2774	5841	0	0	0

關於下市的股票

筆者在拙作《股市提款卡》一書中已有介紹過，大部分的股票都是因為淨值為負才導致下市的。

以英群這檔股票來講，在8月30日當天收盤後，它就公布了2010年第二季的財報，從公開資訊觀測站>財務報表>個別報表>資產負債表中可看出股東權益為-53,167，如圖：

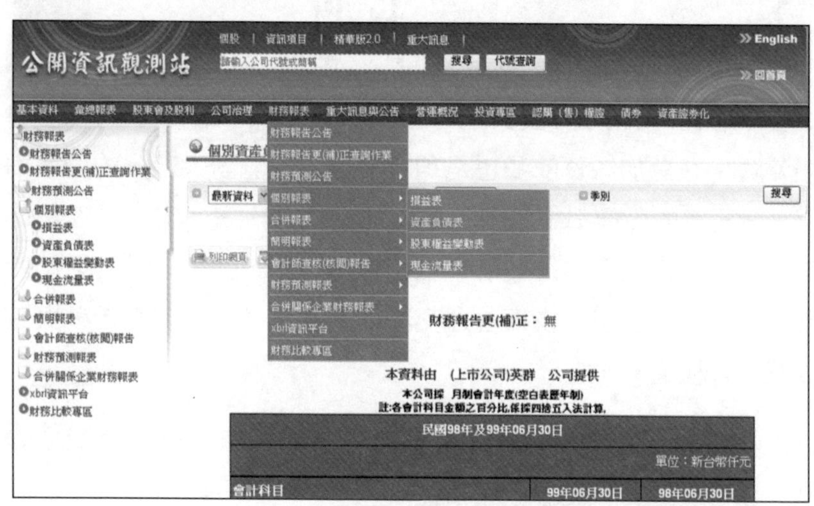

網址(D) http://mops.twse.com.tw/mops/web/t05st31 移至 連結

項目				
股本				
普通股股本	2,078,130.00	91.66	1,603,130.00	63.02
預收股本	0.00	0.00	15,225.00	0.59
資本公積				
資本公積－發行溢價	0.00	0.00	151,647.00	5.96
資本公積－長期投資	8,251.00	0.36	8,251.00	0.32
資本公積合計	8,251.00	0.36	159,898.00	6.28
保留盈餘				
未提撥保留盈餘	-2,125,372.00	-93.75	-1,595,869.00	-62.74
保留盈餘合計	-2,125,372.00	-93.75	-1,595,869.00	-62.74
股東權益其他調整項目合計				
累積換算調整數	-48,719.00	-2.14	-109,160.00	-4.29
金融商品之未實現損益	-13,010.00	-0.57	-5,125.00	-0.20
未實現重估增值	47,553.00	2.09	0.00	0.00
股東權益其他調整項目合計	-14,176.00	-0.62	-114,285.00	-4.49
股東權益總計	-53,167.00	-2.34	68,099.00	2.67
母公司暨子公司所持有之母公司庫藏股數(單位:股)	0.00	0.00	0.00	0.00
預收股款(股東權益項下)之約當發行股數(單位:股)	0.00	0.00	14,500,000.00	570.08

從財報中我們可以看出其股東權益已經為負。

因此我們知道它即將要下市了，從日期推算，8月31日是財報的最後繳交日，9月1日證交所收齊財報將作形式審閱，當日收盤後將公告它要下市的消息。持有這檔股票的投資人，尚有8月31日、9月1日這兩天盤中可以逃命，這就是懂規則的好處。

或許有人會問：財報都已經出來了，還來得及逃命嗎？誰會這麼傻去買即將要下市的股票呢？其實股票市場裡就是有這麼傻的人，因為知道要逃命的投資人並不多。不信？我們來看看8月31日、9月1日這兩天的當日盤中走勢圖，從圖中可看出並非一開盤就跌停鎖死，盤中隨時要賣都是賣得掉的。那什麼時候才是想逃還逃不了呢？當然就是等到證交所公告、財經新聞台報導了以後，也就是9月1日收盤後，這時才是想跑都跑不掉。

英群2010年8月31日當日走勢圖

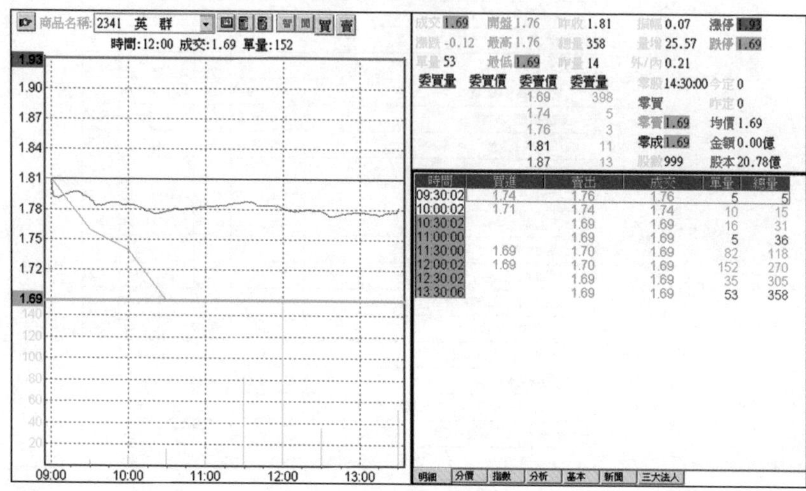

委賣價	委賣量
1.69	398
1.74	5
1.76	3
1.81	11
1.87	13

時間	買進	賣出	成交	單量	總量
09:30:02	1.74	1.76	1.76	5	5
10:00:02	1.71	1.74	1.74	10	15
10:30:02		1.69	1.69	16	31
11:00:00		1.69	1.69	5	36
11:30:00	1.69	1.70	1.69	82	118
12:00:02	1.69	1.70	1.69	152	270
12:30:02		1.69	1.69	35	305
13:30:06		1.69	1.69	53	358

英群2010年9月1日當日走勢圖

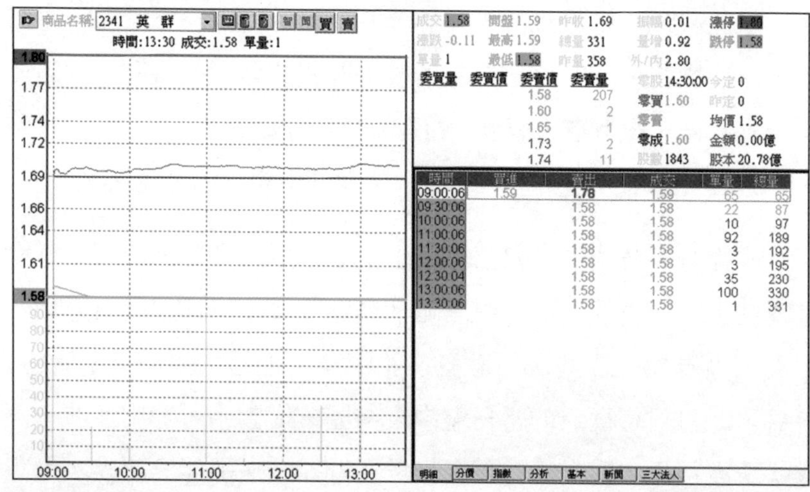

委賣價	委賣量
1.58	207
1.60	2
1.65	1
1.73	2
1.74	11

時間	買進	賣出	成交	單量	總量
09:00:06	1.59	1.78	1.59	65	65
09:30:06		1.58	1.58	22	87
10:00:06		1.58	1.58	10	97
11:00:06		1.58	1.58	92	189
11:30:06		1.58	1.58	3	192
12:00:06		1.58	1.58	3	195
12:30:04		1.58	1.58	35	230
13:00:06		1.58	1.58	100	330
13:30:06		1.58	1.58	1	331

9月1日收盤公告將下市後，9月2日一開盤即跌停鎖死4千多張，這時想賣也賣不掉了。

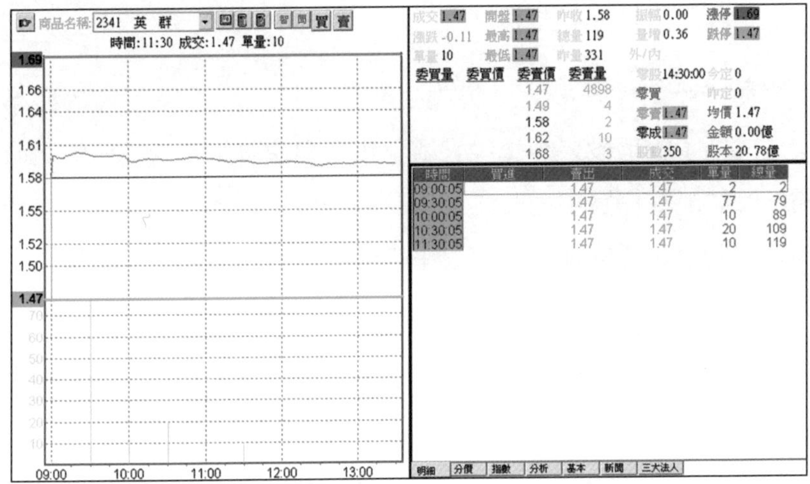

這個案例過後的幾天，筆者曾收到讀者的感謝信，那位讀者正巧持有100張的英群，看到財報是負的之後，二話不說於8月31日馬上殺出，避開了之後連續十幾根跌停的厄運，這就是熟悉遊戲規則的好處。

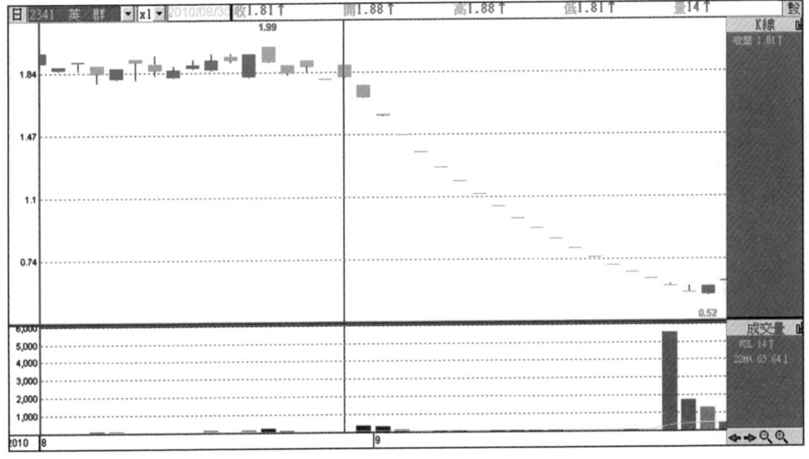

當然到這裡還有讀者會問：這種有問題的股票我本來就不會去買，就算知道它要下市了，我也不能去放空，這對我有何好處呢？讓我們接著看下去吧！

從《股市提款卡》一書中，我們可以知道即將下市的股票如果成為了管理股票，那麼它雖下市，但還有兩年苟延殘喘的時間，一樣能在櫃買中心交易，因此將是個大利多。至於會不會成為管理股票？通常都是在該股下市最後交易日的前一天，櫃買中心才會公告。

英群（2341）將在10月16日下市，所以我們就知道櫃買中心將在10月15日公告它是否會核准成為管理股票。10月15日盤中英群是跌停鎖死1千多張的，但到了11點01分，網路新聞公告了這則消息：

【公告】英群股票獲准轉為櫃檯買賣管理股票

2010/10/15 11:01 中央社

日　　期：2010年10月15日

上市公司：英群（2341）

主　　旨：公告行政院金融監督管理委員會核准本公司股票轉為「櫃檯買賣管理股票」

股票開始買賣日期：99年10月16日

筆者看到這則新聞後，本想於跌停買進，但當時跌停尚鎖住1

千多張，所以就先觀察，一直到了12點有大單買進1千張後，就跟著跳進去搶股票了。一路買進，當天共買進300張，約20幾萬元。

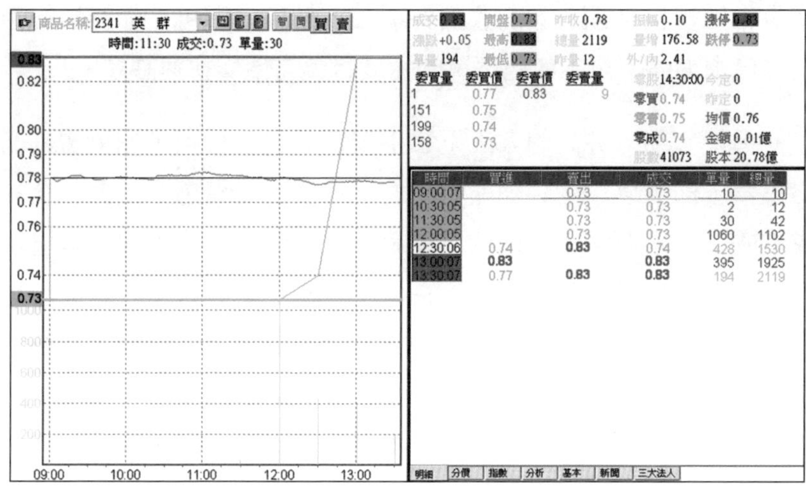

隔天恢復成管理股票後，股價連拉了十幾根一價到底的漲停板，筆者也逢高一路賣，不到兩星期就獲利一倍多了。

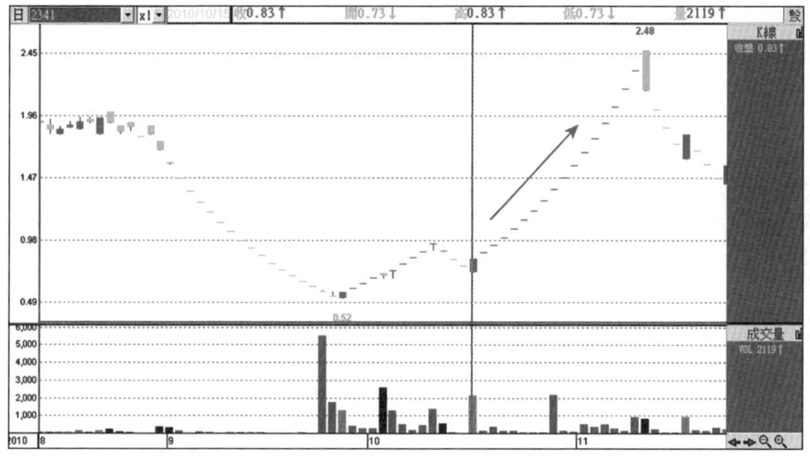

對於全額交割股的買進，目前有些券商已經可以透過網路下單了，只要先用網路銀行轉帳至該公司之全額交割帳戶，再跟營業員告知轉帳金額，券商收到款項後，投資人即可在你轉帳的額度內自由網路下單，如此下單的速度將會方便與快速許多。

另外大部分券商的人工下單手續費並沒有折扣，如果透過網路下單，即可以享受到網路下單的手續費折扣優惠，這對於交易成本的降低是非常有幫助的。據筆者之經驗，目前市面上有這功能的券商有群益、凱基等。而在賣出全額交割股方面，目前也是有券商可以透過網路下單，只要先請營業員圈存好股票，過幾分鐘後，你的全額交割股票就可於當日自由的網路下單賣出了。目前市面上如群益、凱基等，都有提供這個服務，而兆豐從2013年也開始提供這個服務。

至於此類股票該何時布局？通常筆者會先區分為大利多（空）或是小利多（空），像是恢復普通交易等，這就算是較大的利多，而恢復信用交易等則算是較小的利多。通常利多越大，我會越早布局；利多越小，則越接近公告日才開始布局。

另一個影響我買進數量多寡的因素則是股價相對位置，如果我尚未開始布局而股價已經先動了，那麼就會影響我的買進意願，本來打算買進100萬，但因為股價已經漲了不少，因此可能只會買進預定的1/5，如果之後股價有再下跌，那麼當然就可以繼續逢低買進，買足原本預定的數量。但如果第一次買進後股價即一路上漲不回頭，那麼筆者會往好的方面想，畢竟手裡的1/5持股也是獲利不少，就不會再去追高加碼了。

第五章
恢復與取消之進階做法

學會方法之後，除了熟練它，還要能夠活用才行。我們以後在股市裡可能會遭遇到各種情況，不可能如筆者書中的案例一成不變，這時是否能夠活用就很重要了。

記得2009年5月初，南科淨值低於5元、被打入全額交割股前一日，筆者放空它數百萬，狠賺了一筆，類似的案例於兩年後2011年又再度出現了。

2011年5月時，南科的淨值是5.88元，所以只要當年第二季再虧損超過0.88元，那麼根據證交所的規定，它將會被打入全額交割股。至於第二季會不會虧損超過0.88元呢？從該股第一季的營運來看，南科第一季營業毛利是虧損59億元，稅後每股虧損2.24元，如果要讓營業毛利由負轉正，根據近幾季的實務經驗，營收至少必須達到140億元以上。（如下圖）

南科(2408) 損益表(季表)

單位:百萬

期別	100.2Q	100.1Q	99.4Q	99.3Q	99.2Q	99.1Q	98.4Q	98.3Q
營業收入淨額	11,469	10,732	11,790	14,916	15,718	14,121	16,690	11,509
營業成本	15,413	15,963	17,760	14,010	14,130	13,935	14,654	12,732
營業毛利	-3,944	-5,232	-5,970	906	1,588	185	2,036	-1,222
聯屬公司間未實現銷貨	13	-4	23	10	2	4	-57	-144
營業費用	2,557	2,403	2,733	2,289	2,105	1,414	1,635	1,318
營業利益	-6,488	-7,639	-8,680	-1,373	-516	-1,225	343	-2,684
利息收入	81	80	78	76	77	75	79	77
投資收入／股利收入	0	0	0	0	0	0	0	0
處分投資利得	0	0	0	0	0	0	0	0
投資跌價損失回轉	0	0	0	0	0	0	0	0
處分資產利得	2	0	3	3	92	1	1	1
存貨跌價損失回轉	0	0	0	0	0	0	0	0
兌換盈益	16	158	120	71	160	45	-28	137
其他收入	106	102	97	81	16	111	236	36
營業外收入合計	205	339	298	231	345	232	289	251
利息支出	373	373	375	350	319	337	366	359
投資損失	1,191	1,161	1,325	723	441	266	23	1,098
處分投資損失	0	0	0	0	0	0	0	0
投資跌價損失	0	0	22	0	0	0	0	0

南科2011年第一季營收只有107億，如果第二季想達到140億元，營運狀況必須要有大幅度好轉，但現況呢？從當時的報章媒體或網路上都可以輕鬆得到訊息：DRAM市況僅有小幅度的改善。當時DRAM報價只比第一季略高一些，因此第二季是虧損的沒錯，但要虧損幾億才會讓每股淨值低於5元？也就是說，每股虧損0.88元到底怎麼算？

用當時400億的股本來算，就是相當於虧損新台幣35億2000萬元（股本400億×0.88／10＝35.2億）。如果營業毛利已經是虧損的，再加上南科每季的營業費用，也差不多是20幾億，另外還要再提列業外損失（子公司華亞科的虧損），更致命的是，

DRAM報價從5月初就開始一路下滑。此時我已經很有信心，當8月底財報公告時，南科將會被打入全額交割股。

理論上要賺到這筆錢，按照之前的案例，我只需在8月底財報公布前幾日去放空南科即可，如此即能輕鬆獲利，但是事與願違，南科因為淨值低於10元，在5月底時將會先被取消信用交易，如果我要操作它，就要提早在5月底前放空。

這時筆者面臨了一個很大的難題，如果在5月時我就先放空南科，等到9月初它被打入全額交割股後再回補，如此將必須放空長達3個多月的時間，而時間將是這次操作的最大風險。

如果5月到8月這段期間DRAM和台股正好大漲，南科先漲了2、3倍，到了8月底時被打入全額交割股再跌停幾天，那麼我將還是虧損的；但如果5月底前不放空，等它被取消信用交易後想放空也空不到了。這讓當時的筆者陷入兩難，拼或不拼呢？

最後我決定採取雙重策略：

1. 5月時放空南科，同一時間買進華亞科

當時南科和華亞科價格是差不多的，而南科和華亞科是母子公司的關係，都是做DRAM，這兩檔股票平常的走勢都是齊漲齊跌的，也因此筆者放空南科的同時買進華亞科，這樣的做法就變成我賭的是華亞科價格未來將比南科高，如果華亞科比南科貴1元，那我就賺了1元。

至於為何筆者會有信心華亞科未來會比南科貴呢？我想看到這，各位讀者們應該也可以猜到了，那就是到了9月初時南科將會被打入全額交割股，而華亞科不會，也因為如此，它們的價差將會逐漸拉大。

2. 放空南科的同時再用現股買進南科

這個做法乍聽之下或許會覺得匪夷所思，這樣不就是互相抵消了嗎？沒錯，就是要讓它們互相抵消！

融券放空南科的同時現股買進南科，這時的多空部位確實是互相抵消，筆者的庫存將變成一多一空，如此不管南科未來漲跌都不關我的事了。到了8月底，我只需在南科將被宣告打入全額交割股的前一天，賣出我南科現股的部位，留著融券空單，這就等於我在這個時間點融券放空了南科一樣，這就叫做「鎖單」。

而這兩個操作策略，在5月到8月這段期間，策略1<空南科，買進華亞科>與策略2<空南科，買進現股南科>也是可以互相配合，靈活調整持股。

理論上越到8月底，南科與華亞科的價差可能會越拉越大，因為有些知道南科將被打入全額交割股的主力或是散戶會先跑掉。所以在我的操作方面，如果這段期間華亞科與南科價差有拉大的時候，我就會把華亞科賣出一部分，同時換買進南科現股，就等同策略1換到策略2。而如果華亞科和南科的價差之後又有了收斂，那麼我就會把策略2換到策略1。

當然這時讀者們可能會問，如果把華亞科賣掉一部分而換進南科，但之後華亞科與南科價差越拉越大時，該怎麼辦呢？這時我就會往好的方面想，我只換了一半到策略2，如果價差越拉越大，剩下的那一半也會賺越多，這樣也是賺不少的。在股市裡我秉持的原則就是這樣，不要老想賺到每一分錢，賺得安穩更重要。

另外，以上的策略都是建立在南科將在9月初被打入全額交割股的前提下，萬一這個情況沒發生呢？筆者事先也想好後路了，因為這些知名企業多半會在季報公布前召開法人說明會，所以我只要先留意法說會的訊息即可。

查詢南科過去的歷史新聞，該公司通常會在7月時召開法說會，到時即會透露第二季虧損的大約數字，如果虧損的金額不致於讓淨值低於5元，那麼筆者的策略就可以提早停止，這樣頂多也只是賠個手續費罷了。

5月13日開始執行策略1<放空南亞科450張，現股買進華亞科450張>，當時華亞科的股價跟南科差不多。如下圖：

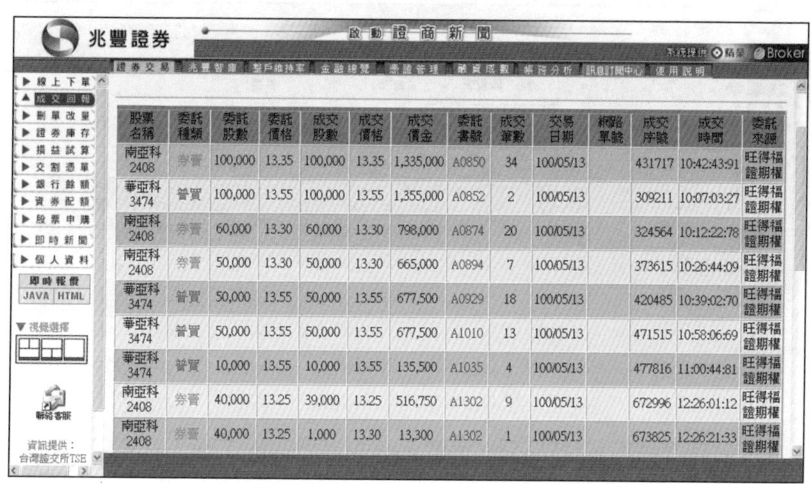

股票名稱	委託種類	委託股數	委託價格	成交股數	成交價格	成交價金	委託書號	成交筆數	交易日期	網路單號	成交序號	成交時間	委託來源
南亞科 2408	券賣	100,000	13.35	100,000	13.35	1,335,000	A0850	34	100/05/13		431717	10:42:43:91	旺得福證期權
華亞科 3474	普買	100,000	13.55	100,000	13.55	1,355,000	A0852	2	100/05/13		309211	10:07:03:27	旺得福證期權
南亞科 2408	券賣	60,000	13.30	60,000	13.30	798,000	A0874	20	100/05/13		324564	10:12:22:78	旺得福證期權
南亞科 2408	券賣	50,000	13.30	50,000	13.30	665,000	A0894	7	100/05/13		373615	10:26:44:09	旺得福證期權
華亞科 3474	普買	50,000	13.55	50,000	13.55	677,500	A0929	18	100/05/13		420485	10:39:02:70	旺得福證期權
華亞科 3474	普買	50,000	13.55	50,000	13.55	677,500	A1010	13	100/05/13		471515	10:58:06:69	旺得福證期權
華亞科 3474	普買	10,000	13.55	10,000	13.55	135,500	A1035	4	100/05/13		477816	11:00:44:81	旺得福證期權
南亞科 2408	券賣	40,000	13.25	39,000	13.25	516,750	A1302	9	100/05/13		672996	12:26:01:12	旺得福證期權
南亞科 2408	券賣	40,000	13.25	1,000	13.30	13,300	A1302	1	100/05/13		673825	12:26:21:33	旺得福證期權

之後華亞科反而比南科貴約1.7塊時賣出華亞科，買進南科。如下圖：

股票名稱	委託種類	委託股數	委託價格	成交股數	成交價格	成交價金	委託書號	成交筆數	交易日期	網路單號	成交序號	成交時間	委託來源
南亞科 2408	券買	20,000	11.60	20,000	11.35	227,000	A0155	1	100/05/24		5630	09:00:07:79	旺得福證期權
南亞科 2408	券買	20,000	11.45	20,000	11.35	227,000	A0156	4	100/05/24		5752	09:00:07:79	旺得福證期權
南亞科 2408	券買	10,000	11.35	10,000	11.15	111,500	A0158	1	100/05/24		16628	09:00:43:41	旺得福證期權
南亞科 2408	普買	20,000	11.05	20,000	11.05	221,000	A0291	2	100/05/24		61832	09:09:03:36	旺得福證期權
南亞科 2408	券買	20,000	11.15	20,000	11.15	223,000	A0378	4	100/05/24		104940	09:18:21:12	旺得福證期權
南亞科 2408	券買	3,000	11.05	3,000	11.00	33,000	A0586	1	100/05/24		196211	09:42:01:97	旺得福證期權
南亞科 2408	券買	3,000	11.05	3,000	11.05	33,150	A0590	1	100/05/24		201528	09:43:25:97	旺得福證期權
南亞科 2408	券買	2,000	12.35	2,000	11.05	22,100	A0592	1	100/05/24		203154	09:44:01:51	旺得福證期權
華亞科 3474	普賣	10,000	12.80	10,000	12.80	128,000	A0238	1	100/05/24		41128	09:05:04:72	旺得福證期權
華亞科 3474	普賣	10,000	12.70	10,000	12.70	127,000	A0323	6	100/05/24		78195	09:12:08:76	旺得福證期權
華亞科 3474	普賣	10,000	12.75	10,000	12.80	128,000	A0337	2	100/05/24		83163	09:13:08:49	旺得福證期權

之後價差收斂到7、8角時再賣出南科，買進華亞科。如下圖（7月1日、7月5日）

姓名：陳信宏　公司別：　帳號：

資料日期:自 100 年 07 月 01 日 至 100 年 07 月 01 日

委託別：全部　排序別：證券代號　查詢

股票名稱	委託種類	委託股數	委託價格	成交股數	成交價格	成交價金	委託書號	成交筆數	交易日期	網路單號	成交序號	成交時間	委託來源
南亞科 2408	普賣	300,000	8.00	300,000	8.00	2,400,000	A1498	30	100/07/01		737840	13:19:41:69	選擇錢
華亞科 3474	普買	100,000	8.70	100,000	8.70	870,000	A1503	10	100/07/01		746262	13:21:42:72	選擇錢
華亞科 3474	普買	23,000	8.71	23,000	8.71	200,330	A1514	1	100/07/01		753784	13:23:25:06	選擇錢
華亞科 3474	普買	22,000	8.72	22,000	8.72	191,840	A1519	4	100/07/01		760495	13:24:45:13	選擇錢
華亞科 3474	普買	155,000	8.78	155,000	8.72	1,351,600	A1553	16	100/07/01		787106	13:30:00:00	選擇錢

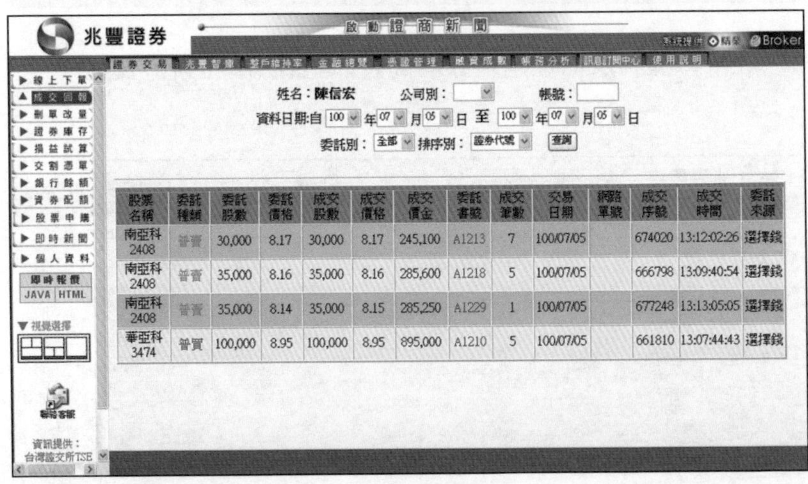

姓名：陳信宏　公司別：　帳號：

資料日期:自 100 年 07 月 05 日 至 100 年 07 月 05 日

委託別：全部　排序別：證券代號　查詢

股票名稱	委託種類	委託股數	委託價格	成交股數	成交價格	成交價金	委託書號	成交筆數	交易日期	網路單號	成交序號	成交時間	委託來源
南亞科 2408	普賣	30,000	8.17	30,000	8.17	245,100	A1213	7	100/07/05		674020	13:12:02:26	選擇錢
南亞科 2408	普賣	35,000	8.16	35,000	8.16	285,600	A1218	5	100/07/05		666798	13:09:40:54	選擇錢
南亞科 2408	普賣	35,000	8.14	35,000	8.15	285,250	A1229	1	100/07/05		677248	13:13:05:05	選擇錢
華亞科 3474	普買	100,000	8.95	100,000	8.95	895,000	A1210	5	100/07/05		661810	13:07:44:43	選擇錢

之後的這段期間就如此重複操作。

時間到了Q3財報的繳交期限，因9月1日收盤後將會公告南科打入全額交割股，筆者猜想當日盤中持有南科、消息較靈通的人就會先跑了，所以當日南科的走勢一定是不妙的，而南科下跌的同時也會帶動華亞科下跌，因此決定在前一天8月31日收盤前，把華亞科現股與南科現股全部出清，只獨留南科空單。

華亞科出清平均價位在6.6左右，如下圖：

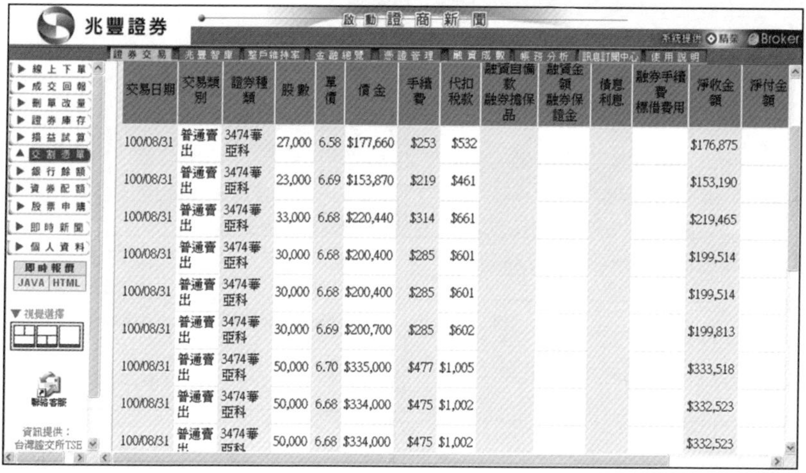

兆豐證券

交易日期	交易類別	證券種類	股數	單價	價金	手續費	代扣稅款	融資自備款 融券擔保品	融資金額 融券保證金	債息利息	融券手續費 標借費用	淨收金額	淨付金額
100/08/31	普通賣出	3474華亞科	27,000	6.58	$177,660	$253	$532					$176,875	
100/08/31	普通賣出	3474華亞科	23,000	6.69	$153,870	$219	$461					$153,190	
100/08/31	普通賣出	3474華亞科	33,000	6.68	$220,440	$314	$661					$219,465	
100/08/31	普通賣出	3474華亞科	30,000	6.68	$200,400	$285	$601					$199,514	
100/08/31	普通賣出	3474華亞科	30,000	6.68	$200,400	$285	$601					$199,514	
100/08/31	普通賣出	3474華亞科	30,000	6.69	$200,700	$285	$602					$199,813	
100/08/31	普通賣出	3474華亞科	50,000	6.70	$335,000	$477	$1,005					$333,518	
100/08/31	普通賣出	3474華亞科	50,000	6.68	$334,000	$475	$1,002					$332,523	
100/08/31	普通賣出	3474華亞科	50,000	6.68	$334,000	$475	$1,002					$332,523	

9月1日南科和華亞科果然一開盤就弱勢，兩位難兄難弟，一路走低。如下圖：

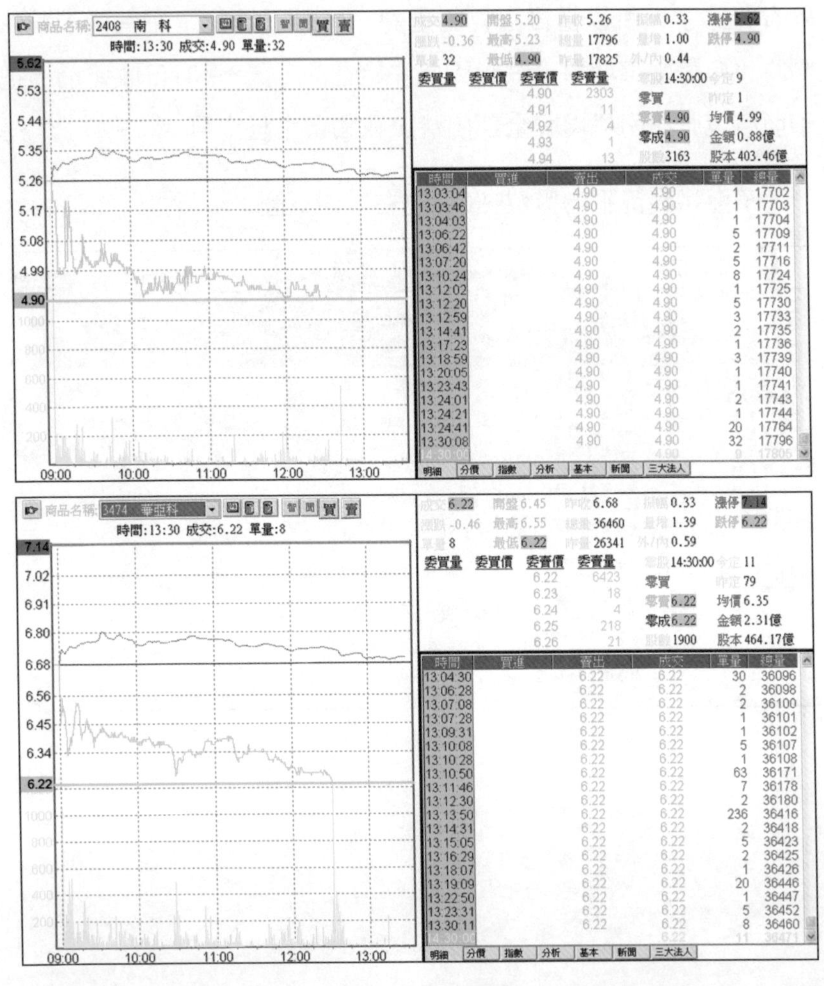

9月1日收盤後，證交所公告南科被打入全額交割股。

9月2日南科開盤即跌停鎖死，華亞科因未被打入全額交割股，故股價收盤僅小跌。下圖為9月2日南科與華亞科走勢圖：

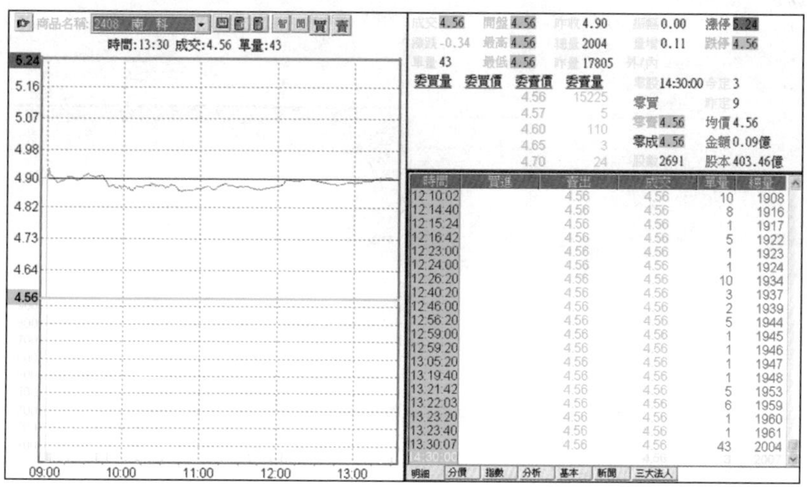

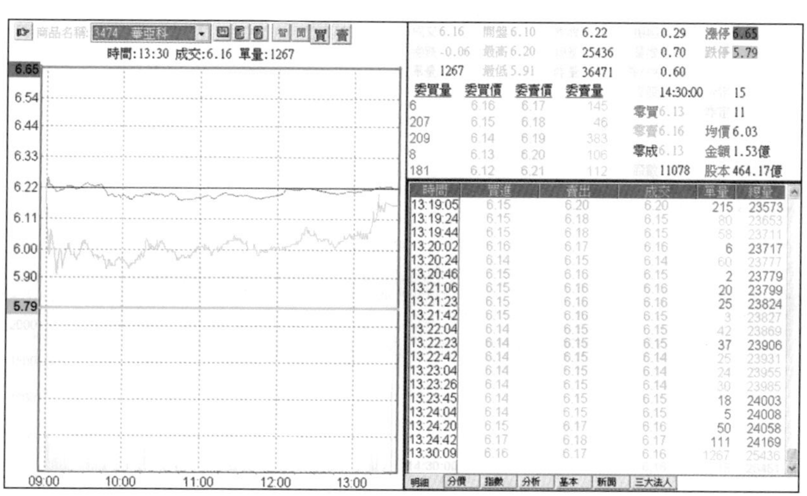

下圖為9月5日南科走勢圖，股價跌停鎖死。

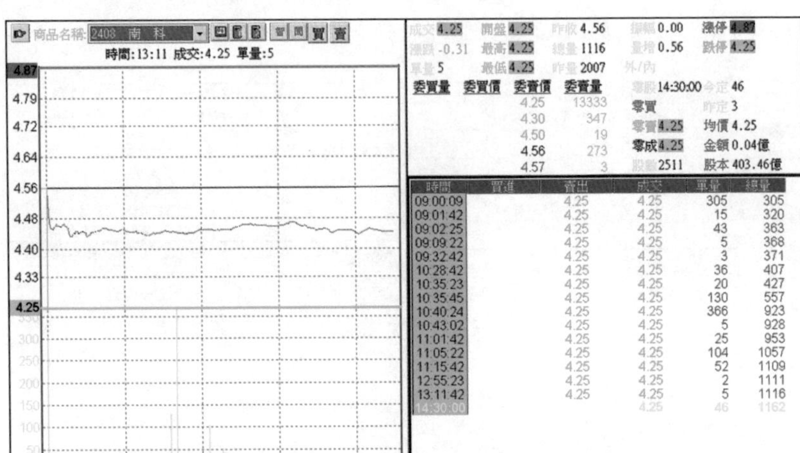

時間	買進	賣出	成交	單量	總量
09:00:09		4.25	4.25	305	305
09:01:42		4.25	4.25	15	320
09:02:25		4.25	4.25	43	363
09:09:22		4.25	4.25	5	368
09:32:42		4.25	4.25	3	371
10:28:42		4.25	4.25	36	407
10:35:23		4.25	4.25	20	427
10:35:45		4.25	4.25	130	557
10:40:24		4.25	4.25	366	923
10:43:02		4.25	4.25	5	928
11:01:42		4.25	4.25	25	953
11:05:22		4.25	4.25	104	1057
11:15:42		4.25	4.25	52	1109
12:55:23		4.25	4.25	2	1111
13:11:42		4.25	4.25	5	1116
14:30:00			4.25	46	1162

9月5日筆者預估南科明日（9月6日）跌停將打開，而打開的一瞬間將會帶動華亞科的急拉，所以決定9月6日開盤就將空單450張全部回補，並於9月5日當天快收盤時買進華亞科200張多單，準備隔日開盤華亞科急拉後賣出。如下圖：

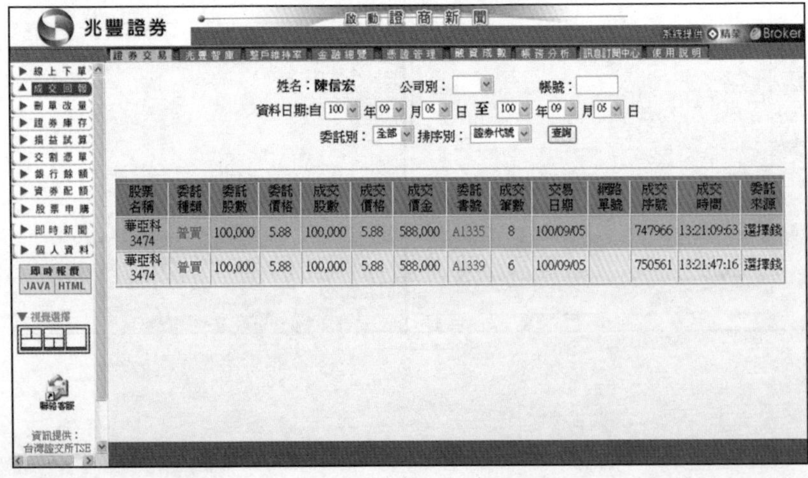

股票名稱	委託種類	委託股數	委託價格	成交股數	成交價格	成交價金	委託書號	成交筆數	交易日期	網路單號	成交序號	成交時間	委託來源
華亞科 3474	普買	100,000	5.88	100,000	5.88	588,000	A1335	8	100/09/05		747966	13:21:09:63	選擇錢
華亞科 3474	普買	100,000	5.88	100,000	5.88	588,000	A1339	6	100/09/05		750561	13:21:47:16	選擇錢

9月6日當天走勢圖

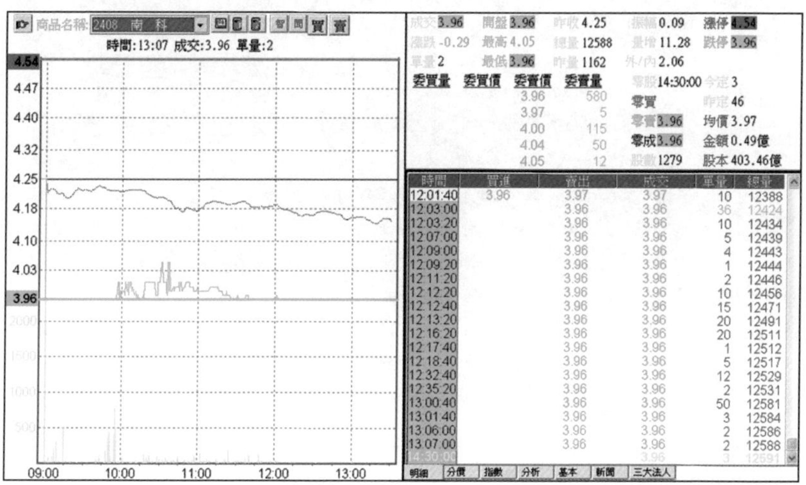

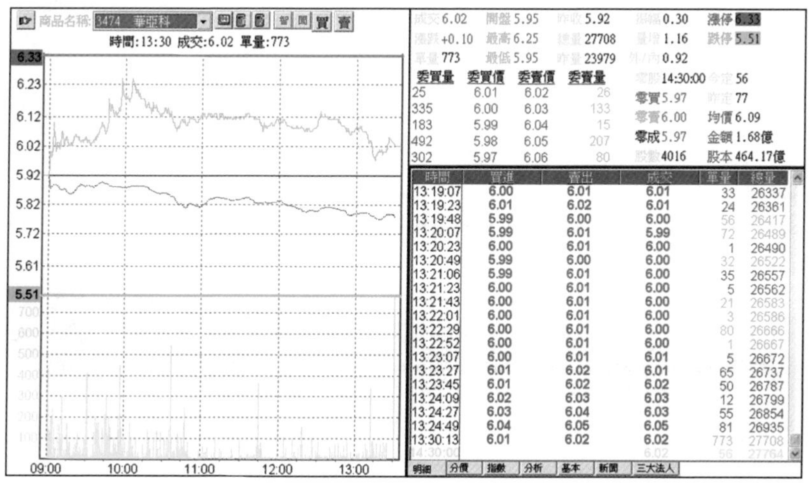

盤中南科打開時華亞科急拉，筆者於9月6日將南科全數跌停回補。

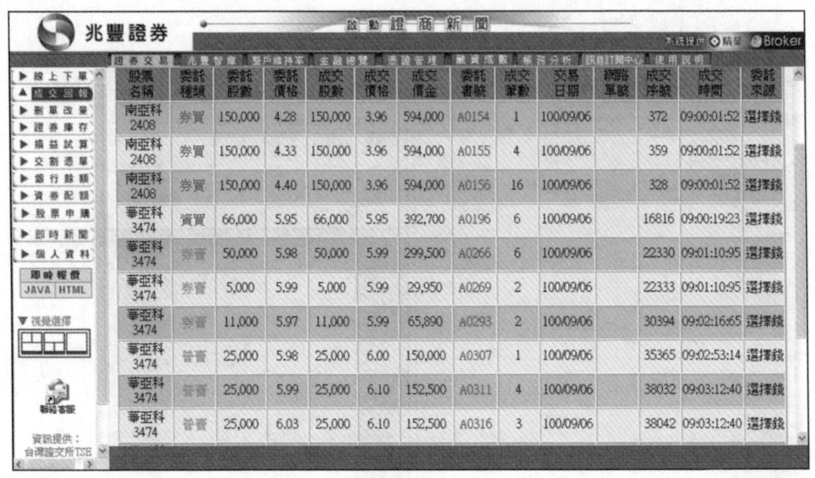

股票名稱	委託種類	委託股數	委託價格	成交股數	成交價格	成交價金	委託書號	成交筆數	交易日期	網路單號	成交序號	成交時間	委託來源
南亞科 2408	券買	150,000	4.28	150,000	3.96	594,000	A0154	1	100/09/06		372	09:00:01:52	選擇錢
南亞科 2408	券買	150,000	4.33	150,000	3.96	594,000	A0155	4	100/09/06		359	09:00:01:52	選擇錢
南亞科 2408	券買	150,000	4.40	150,000	3.96	594,000	A0156	16	100/09/06		328	09:00:01:52	選擇錢
華亞科 3474	資買	66,000	5.95	66,000	5.95	392,700	A0196	6	100/09/06		16816	09:00:19:23	選擇錢
華亞科 3474	券賣	50,000	5.98	50,000	5.99	299,500	A0266	6	100/09/06		22330	09:01:10:95	選擇錢
華亞科 3474	券賣	5,000	5.99	5,000	5.99	29,950	A0269	2	100/09/06		22333	09:01:10:95	選擇錢
華亞科 3474	券賣	11,000	5.97	11,000	5.99	65,890	A0293	2	100/09/06		30394	09:02:16:65	選擇錢
華亞科 3474	借賣	25,000	5.98	25,000	6.00	150,000	A0307	1	100/09/06		35365	09:02:53:14	選擇錢
華亞科 3474	借賣	25,000	5.99	25,000	6.10	152,500	A0311	4	100/09/06		38032	09:03:12:40	選擇錢
華亞科 3474	借賣	25,000	6.03	25,000	6.10	152,500	A0316	3	100/09/06		38042	09:03:12:40	選擇錢

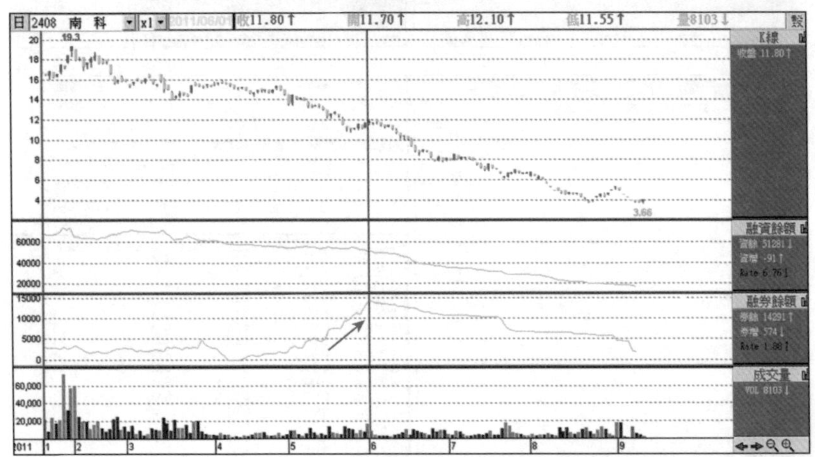

南科從5月開始融券即異常增加，筆者多個戶頭共放空了約1200張，獲利400萬元。

2013年最新之制度

2013年元旦起IFRS正式啟用，因此財報繳交的期限也有所更改，季報、半年報從該季結束後起算45天為財報最後繳交日；而年報則是3月31日為最後繳交日，最後繳交日如逢假日則皆順延一天。

也因此2013年：

3月31日將是繳交2012年年報的最後期限。（遇假日順延一天，故為4月1日。）

5月15日是第一季財報的最後期限。

8月14日是半年報的最後期限。

11月14日則是第三季財報的最後期限。

關於信用交易的恢復與取消也有了重大的變更，亦即主管機關將於財報申報截止日後第5個營業日審核最近期財報每股淨值，如回復至票面10元以上者，將於次一營業日恢復信用交易；如低於10元以下者，亦將於次一營業日取消信用交易。

舉例而言，上市公司2013年申報年報的最後截止日為3月31日，因逢假日，故順延至4月1日。證交所將於截止日後第5個營業日審核，因又適逢清明連假，故於4月10日審核，如有符合恢復或取消信用交易條件者，自4月11日開始實施。**而第三季財報也是如**

此，於財報申報截止日後第5個營業日由主管機關主動審核。

故2013年：

4月1日將是繳交2012年年報的最後期限，之後第五個營業日將審核取消或恢復信用交易，次營業日開始實施。

5月15日是第一季季報的最後期限，之後第五個營業日將審核取消或恢復信用交易，次營業日開始實施。

8月14日是半年報的最後期限，之後第五個營業日將審核取消或恢復信用交易，次營業日開始實施。

11月14日是第三季季報的最後期限，之後第五個營業日將審核取消或恢復信用交易，次營業日開始實施。

全額交割股的部分則是維持不變，在財報的最後繳交截止日後，主管機關於次營業日審核最近期財報之每股淨值，並公告恢復普通交易與打入全額交割股之名單。

第六章
有效率的搜尋標的

看到這裡，讀者朋友們一定有很大的疑問，我們該如何去尋找可能恢復普通交易與被打入全額交割股之標的呢？畢竟上市櫃公司有幾千家，在茫茫股海中，要怎麼去尋找我們的目標呢？該不會是一檔一檔的找吧？當然不是了！市面上有一些免費網站是可以做為我們的選股小幫手，就讓筆者為各位介紹吧！

全額交割股

全額交割恢復普通交易——首先我們就要先鎖定目前的全額交割股有哪些？而要找尋這些全額交割股，只要上聚財網即能找到。網址為：http://stock.wearn.com/fulldeal.asp

變更交易方法股票(全額交割股)、管理股					
更新日期：2013-01-15					
代號	名稱	代號	名稱	代號	名稱
1438	裕豐	1449	佳和	1456	怡華
1516	川飛	1529	樂士	2008	高興昌
2321	東訊	2348	力廣	2361	鴻友
2408	南科	2429	銘旺科	2438	英誌
2475	中華映	2491	吉祥全	2496	卓越
2540	金尚昌	3051	力特	3219	倚強
3474	華亞科	3562	頂晶	4801	高盛電
4907	春雨	5301	祥裕電	5321	友銓
5364	易福	5455	訊利	5467	聯福生
6103	合邦	6111	大宇資	6114	翔昇
6116	彩晶	6167	久正	6172	互億
6225	天瀚	6236	凌越	6238	勝麗
6240	松崗資	6291	沛亨	8053	巨擘
8066	來思達	8068	全達	8077	冠華

目前全部的全額交割股共約40幾檔左右，這些即是可能的候選名單，之後我們再來一一過濾。先將其區分為上市或上櫃股票，筆者以前剛進入股市時，上市與上櫃的股票是非常好區分的，例如1xxx、2xxx、3xxx等，股票代號為1、2、3開頭的即是上市股票；而4xxx、5xxx等，4或5開頭的即是上櫃股票。

但是近年來因為許多上櫃股票轉上市，代號並沒有重新變更，所以這個方法就不準確了，目前我的習慣是到兆豐證券的網站（http://www.emega.com.tw/），進入網站後左下角輸入股票代號，再點選左手邊的動態報導即可。這時將會出現該股之新聞標題，如標題是出現OTC等字樣，即為上櫃股票，出現證交所等字眼，則為上市股票。

祥裕(5301)動態報導

日期	標題
101/12/17	祥裕：董事長承租京華城百貨開設「世界名城」報導一事與事實不符
101/12/17	OTC 12月14日公告5種注意股票
101/12/14	祥裕11月底負債比74.11%、流動比113.65%、速動比76.76%
101/12/14	祥裕截至12/14未受限制銀行存款餘額3052萬元
101/12/13	OTC 12月12日公告4種注意股票
101/12/12	OTC 12月11日公告4種注意股票
101/12/10	祥裕 101年11月營收2.30億，累計營收3.41億、年減60.62%
101/12/07	祥裕截至12/7未受限制銀行存款餘額2661萬元
101/11/30	祥裕截至11/30未受限制銀行存款餘額4765萬元
101/11/23	祥裕截至11/23未受限制銀行存款餘額1678萬元
101/11/19	祥裕截至11/16未受限制銀行存款餘額2194萬元
101/11/16	祥裕新任薪酬委員名單
101/11/16	祥裕代理發言人改由謝宗益擔任
101/11/16	祥裕10月底負債比62.26%、流動比117.35%、速動比51.97%
101/11/12	祥裕截至11/9未受限制銀行存款餘額2328萬元
101/11/09	祥裕 101年10月營收6416萬、年增49.61%

如果為上市股票，因全額交割股須連續兩季每股淨值大於5元才能恢復普通交易，故我們可先去yahoo的股市查詢該股最近一季之淨值是否已大於5元，如果是，那麼這將是之後財報公布後的可能恢復標的，等到下一季財報持續大於5元以上，那麼該股即可恢復成普通交易。

另外也可直接看每一檔全額交割股之日K線圖，看其最近幾個月是否有股價減資，如果有，那麼將可能是我們要找的標的，之後再去兆豐網站動態報導查看其減資比率與減資基準日等。當然其中還有些細節需要特別留意，那就是上市公司除了連續兩季淨值要大於5元之外，還有個條件為股東權益淨額須大於3億。

如為上櫃股票，因全額交割股只需一季之淨值大於5元，且股東權益總額較上一季增加即可，因此我們可以直接先看該股之日K線圖是否有股價減資，如果有，那麼我們再去研究其減資基準日與減資比率等，過濾後如果已經符合了我們的目標，就去兆豐網站之動態報導查看其近期是否有增資或私募等（這樣股東權益才會增加）。

另外上櫃全額交割股如果淨值在4塊多的，雖然沒有減資，但也要先保留起來，我們可以到兆豐網站查看一下該股過去之新聞，是否有處分不動產等業外收入，如果有，那麼該季極可能財報出來是獲利的，股東權益也是會增加的，而如果獲利導致淨值大於5元，那麼也將會恢復普通交易。

至於沒有業外收入之上櫃全額交割股，如果其淨值正巧在4塊多，那麼我們也可在財報繳交最後期限日的前幾天，隨時至公開資訊觀測站搜尋該股最即時的財報，看是否有機會轉虧為盈，使得淨值高於5元以上。畢竟財報公布後跟主管機關公告恢復普通交易這中間也有一段差距，所以還來得及進場買進，大部分的公司都會在財報的最後繳交期限上傳至公開資訊觀測站，但仍有許多公司會提前數日上傳，因此在財報最後繳交期限之前幾日，讀者朋友們就要多費心，定時前往查詢，往往會有出乎意外之驚喜。

公開資訊觀測站網址如下：http://mops.twse.com.tw/mops/web/index，進入後點選個別報表裡的資產負債表，如下圖：

之後查詢該個股之最新資料。

其他負債合計	17,564.00	0.04	35,106.00	0.07
負債總計	16,341,395.00	37.08	16,375,777.00	34.27
股東權益				
股本				
普通股股本	29,292,408.00	66.46	58,584,816.00	122.61
資本公積				
資本公積-發行溢價	511,964.00	1.16	944,602.00	1.98
資本公積-長期投資	217,042.00	0.49	234,992.00	0.49
資本公積-認股權	75,769.00	0.17	75,769.00	0.16
資本公積合計	804,775.00	1.83	1,255,363.00	2.63
保留盈餘				
法定盈餘公積	0.00	0.00	1,437,949.00	3.01
未提撥保留盈餘	-1,811,731.00	-4.11	-29,321,045.00	-61.37
保留盈餘合計	-1,811,731.00	-4.11	-27,883,096.00	-58.36
股東權益其他調整項目合計				
累積換算調整數	226,406.00	0.51	332,101.00	0.70
金融商品之未實現損益	-780,148.00	-1.77	-885,125.00	-1.85
股東權益其他調整項目合計	-553,742.00	-1.26	-553,024.00	-1.16
股東權益總計	27,731,710.00	62.92	31,404,059.00	65.73
母公司暨子公司所持有之母公司庫藏股數(單位:股)	0.00	0.00	0.00	0.00
預收股款(股東權益項下)之約當發行股數(單位:股)	0.00	0.00	0.00	0.00

股東權益總計為27,731,710，普通股股本為29,292,408，27731710／29292408×10＝9.46，即可算得該股之最新每股淨值。

另外不論是上市或上櫃之全額交割股，其列為全額交割股之原因是因為財報出現**繼續經營假設有疑慮的情況**，這就表示會計師認為該公司未來繼續營運是有疑慮的，通常會出現這種情況的都是虧損累累且營運資金較為緊迫的公司，如果財報上「繼續經營假設有疑慮」的字眼沒有消失，即使該股每股淨值回升至5元以上，還是不會恢復普通交易的。

查詢全額交割股是否有繼續經營假設有疑慮，可至公開資訊觀測站裡的財務報表，點選財務報告即可。

以上櫃全額交割股長鴻為例，99年第一季財報每股淨值大於5元，且股東權益較上一季增加，但從下圖可看出尚有繼續經營假設有疑慮之問題，故財報公布後並未恢復成普通交易股票。

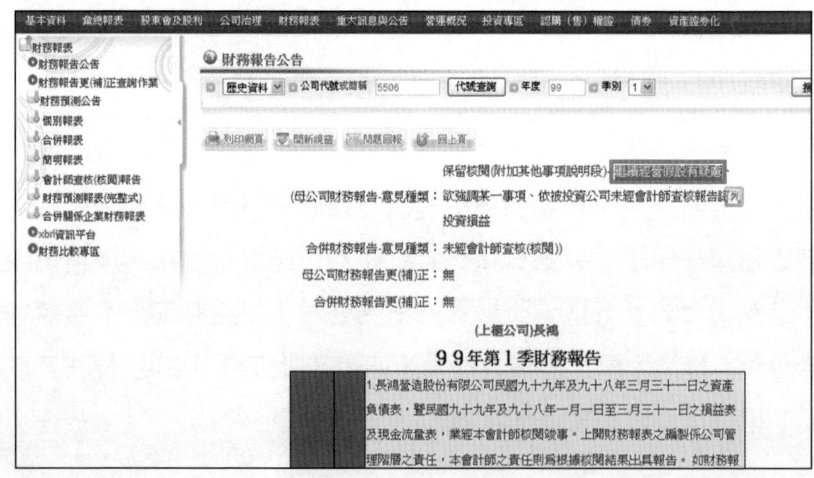

而到了第二季財報出來時，繼續經營假設有疑慮之問題已經不見了，如下圖：

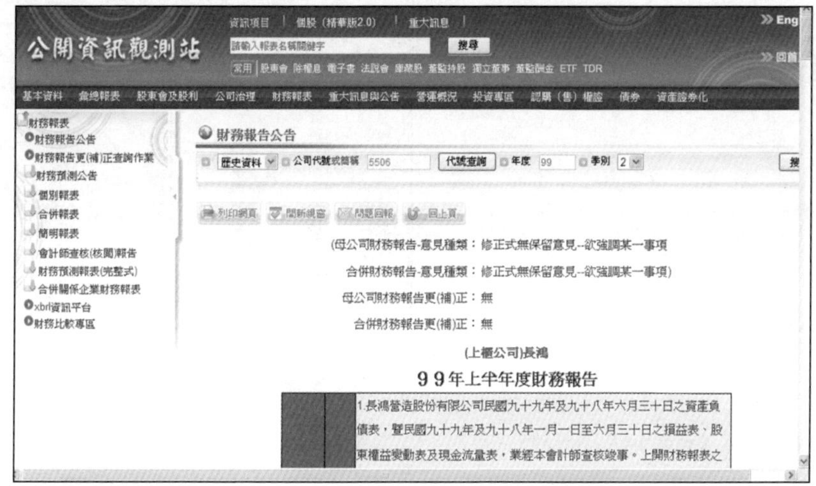

筆者記得該股財報最後繳交期限為2010年8月31日，而長鴻於8月30日即上傳至公開資訊觀測站，我於8月30日收盤後發現了這個驚喜，馬上在隔天8月31日和9月1日盤中買進了該股數百張。

長鴻（5506）2010年8月31日走勢圖

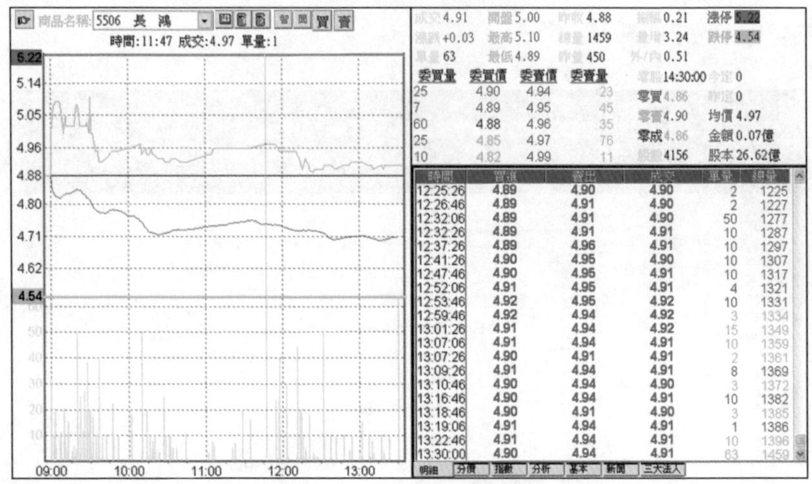

時間	買進	賣出	成交	單量	總量
12:25:26	4.89	4.90	4.90	2	1225
12:26:46	4.89	4.91	4.90	2	1227
12:32:06	4.89	4.91	4.90	50	1277
12:32:26	4.89	4.91	4.91	10	1287
12:37:26	4.89	4.96	4.91	10	1297
12:41:26	4.90	4.95	4.90	10	1307
12:47:46	4.90	4.95	4.91	10	1317
12:52:06	4.91	4.95	4.91	4	1321
12:53:46	4.92	4.95	4.92	10	1331
12:59:46	4.92	4.94	4.92	3	1334
13:01:26	4.91	4.94	4.92	15	1349
13:07:06	4.91	4.94	4.91	10	1359
13:07:26	4.90	4.91	4.91	2	1361
13:09:26	4.91	4.94	4.91	8	1369
13:10:46	4.90	4.94	4.90	3	1372
13:16:46	4.90	4.94	4.91	10	1382
13:18:46	4.90	4.91	4.90	3	1385
13:19:06	4.91	4.94	4.91	1	1386
13:22:46	4.91	4.94	4.91	10	1396
13:30:00	4.90	4.94	4.91	63	1459

長鴻（5506）2010年9月1日走勢圖

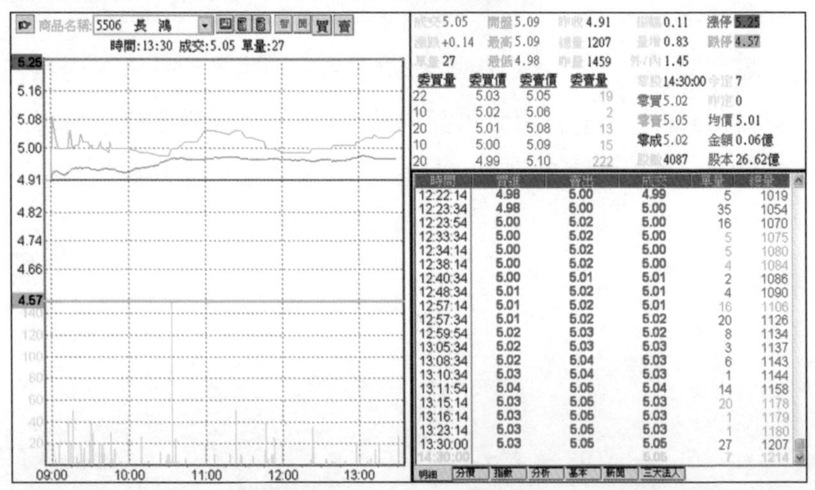

時間	買進	賣出	成交	單量	總量
12:22:14	4.98	5.00	4.99	5	1019
12:23:34	4.98	5.00	5.00	35	1054
12:23:54	5.00	5.02	5.00	16	1070
12:33:34	5.00	5.02	5.00	5	1075
12:34:14	5.00	5.02	5.00	5	1080
12:38:14	5.00	5.02	5.00	4	1084
12:40:34	5.00	5.01	5.01	2	1086
12:48:34	5.01	5.02	5.01	4	1090
12:57:14	5.01	5.02	5.01	16	1106
12:57:34	5.01	5.02	5.02	20	1126
12:59:54	5.02	5.03	5.02	8	1134
13:05:34	5.02	5.03	5.03	3	1137
13:08:34	5.02	5.04	5.03	6	1143
13:10:34	5.03	5.04	5.03	1	1144
13:11:54	5.04	5.05	5.04	14	1158
13:15:14	5.03	5.05	5.03	20	1178
13:16:14	5.03	5.05	5.03	1	1179
13:23:14	5.03	5.05	5.03	1	1180
13:30:00	5.03	5.05	5.05	27	1207
14:30:00			5.05	7	1214

9月1日收盤後，櫃買中心果然如預期的公告長鴻脫離全額交割股。9月2日開盤即漲停鎖住，之後漲停快開時，筆者出清了大部分的持股，部分持股則於隔日9月3日開盤後出清。

長鴻（5506）2010年9月2日走勢圖

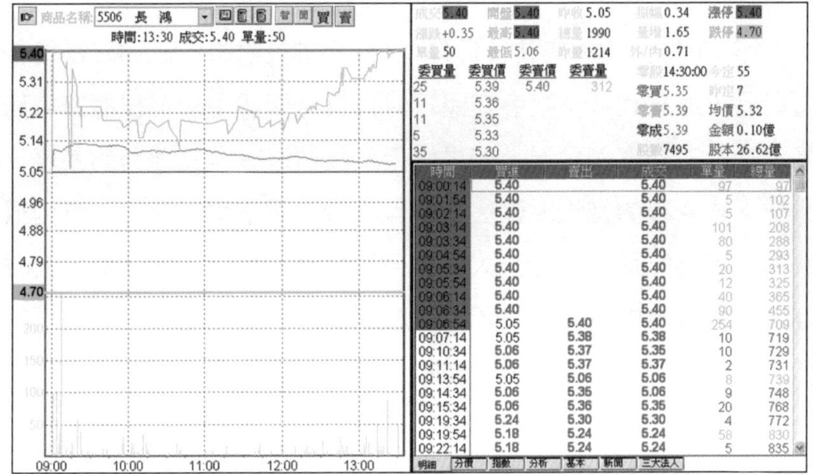

長鴻（5506）2010年9月3日走勢圖

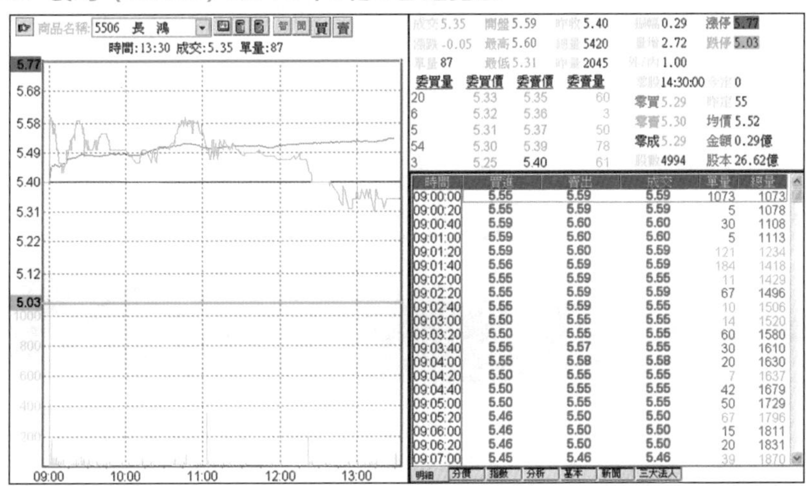

之所以在9月2日出清大部分的持股，主要是因為漲停快要打開了。通常想買的人都買得到時，這個利多就已經算反映了，因此筆者已經沒有再持有它的理由。但此時我還留有部分的持股於隔日開盤賣出，這是為何呢？

那是因為主管機關於9月1日收盤公告長鴻將於9月3日恢復普通交易，通常利多反映會在隔日9月2日這天發生，但根據筆者研究統計過去的案例發現，如果這天該股價沒有非常強勢的漲停，那麼正式恢復的當天開盤往往會有不錯的價格可以賣出。原因很簡單，因為9月3日才是正式恢復普通交易的第一天，在這一天買方已經可以自由買進該股了，故於隔日9月3日開盤後，將剩下的部分持股全部出清，獲利入袋。

淨值低於5元打入全額交割股

通常要找尋此類股票，在財報繳交的最後期限我們即可上玉山證券的網站搜尋，網址如下：http://www.esunsec.com.tw/index.asp，進入後點選左側之智慧選股。

點選基本面，將每股淨值＜5元打勾，按選取。

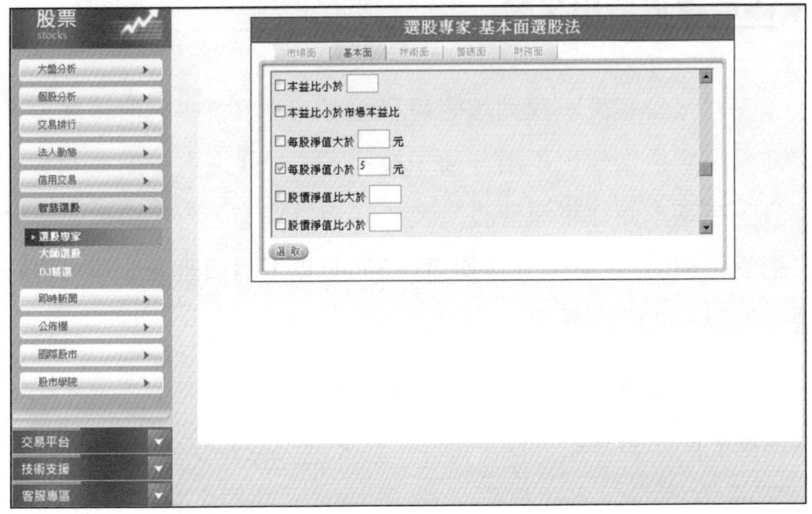

再將＜**過濾股價5元以下，五日均量在500張以下的個股**＞之打勾取消掉，即可開始搜尋。

之後將會出現一些股票，我們再來逐一比對是否有尚未是全額交割股之公司，即是我們要找的對象。

通常找到此類股票，大部分的情況是該股已無法信用交易了，除非是因第三季財報淨值低於10元而尚未被取消信用交易，之後公司再因較大之虧損而導致淨值低於5元，被打入全額交割股，否則通常這類將被打入全額交割股的公司是無法放空的。

關於恢復信用交易

在財報公布後，我們該如何有效率的找出哪些股票將恢復信用交易呢？這當然也不用一檔一檔找了。一樣進入玉山證券智慧選股，在基本面裡將淨值設為大於10元並打勾，再按選取，再將＜**過濾股價5元以下，五日均量在500張以下的個股**＞取消，之後將會出現一大堆股票。

將表往下拉到最下面，於＜將選股結果作進一步排序＞下選擇籌碼面的＜資券相抵＞，再往下按＜越大越好＞，如下圖：

5314世紀	11.10	0.00	0.00%	10.05
2358美格	11.85	-0.25	-2.07%	10.03
3372典範	4.90	0.22	4.70%	10.02
9935慶豐富	6.45	0.05	0.78%	10.02
2352佳世達	7.06	-0.15	-2.08%	10.01

[說明]:*表示當日資料尚未到位

將選股結果作進一步排序

依近 1 日漲幅作排序 越大越好 越小越好 或

依 籌碼面 中的 資券相抵 來排序

越大越好 越小越好

您所設定的選股條件為：

1. 每股淨值大於10元

不過濾股價5元以下,五日均量在500張以下的個股

調整選股條件 逐一檢視選股結果

這時出現的股票中，我們只需找出最後一欄資券相抵有N/A標示之股票，即為淨值大於10元且尚無信用交易的個股。

之後再一檔一檔去過濾，畢竟裡面可能有些是新上市櫃股票未滿半年等，所以尚未開放信用交易，這時我們就可過濾掉它，如下圖：

1259安心	85.20	-0.50	-0.58%	46.81	0
1558伸興	101.00	-0.50	-0.49%	47.24	0
6605帝寶	67.60	-0.40	-0.59%	48.39	0
5203訊連	92.00	-0.30	-0.33%	48.94	0
4104佳醫	55.60	-0.50	-0.89%	49.09	0
6214精誠	33.00	0.00	0.00%	52.54	0
3679新至陞	49.50	0.10	0.20%	53.40	0
6219富旺	21.95	-0.10	-0.45%	10.06	N/A
3205佰研	20.50	-0.75	-3.53%	10.35	N/A
8097鴻松	11.00	0.00	0.00%	10.40	N/A
3362先進光	36.80	0.00	0.00%	10.43	N/A
4130健亞	45.70	-0.50	-1.08%	10.60	N/A
4743合一	45.85	-1.55	-3.27%	10.67	N/A
5348系通	14.40	-0.20	-1.37%	10.77	N/A
4735豪展	14.20	-0.15	-1.05%	11.45	N/A
5263智崴	83.00	-1.50	-1.78%	11.49	N/A
6186新潤	25.00	-0.10	-0.40%	11.49	N/A
8053巨擘	1.63	-0.12	-6.86%	11.53	N/A
4801高盛	20.30	0.00	0.00%	11.67	N/A
8087華鎂鑫	7.15	0.01	0.14%	11.91	N/A
2061風青	23.65	-0.05	-0.21%	12.06	N/A
8092建暐	9.81	-0.16	-1.60%	12.11	N/A
3176基亞	172.00	2.50	1.47%	12.30	N/A
4995晶達	16.45	-0.05	-0.30%	12.36	N/A
3067全域	17.55	0.00	0.00%	12.38	N/A

信用交易的取消

在玉山證券智慧選股裡，點選基本面，將每股淨值設為小於10元並勾選，按選取，再至籌碼面選擇融資餘額大於1張，按選取，將<過濾股價5元以下，五日均量在500張以下的個股>打勾取消掉，按開始篩選，如下圖：

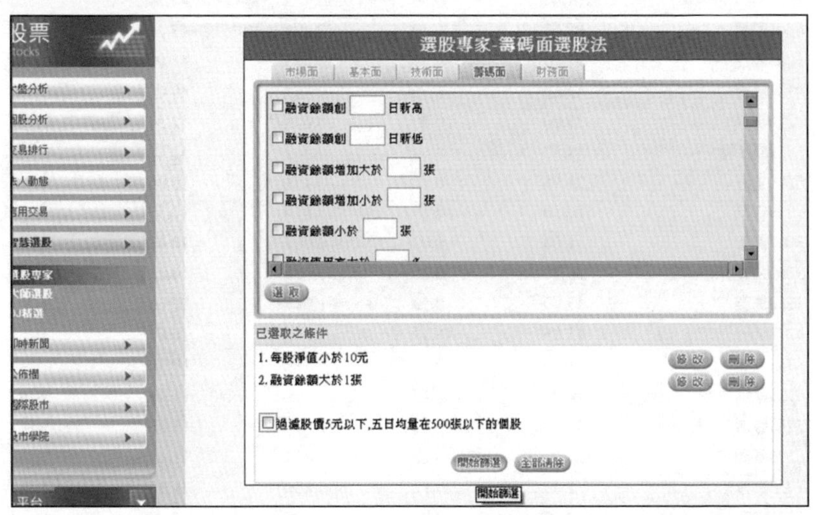

當然這樣篩選出來的只是有融資餘額的股票，但裡面已有包含前幾季已經被停止信用交易的股票。通常被停止信用交易之股票，其融資餘額只會一路下滑，所以我們就可以一檔一檔的在股票軟體裡看其融資券餘額，如有一路下滑的即是目前無法信用交易的股票。至於融資、融券有增減的，則是目前還能夠信用交易的公司，這即是淨值低於10元、但尚能信用交易的股票，也是我們正在找尋的目標。

融資一路下滑的，大部分都是已經不能信用交易的標的。

融資、融券有波動的，即是尚可信用交易的標的。

從20萬到6000萬
的操盤之路

第七章
在股市裡輕鬆的撿錢

零股交易是筆者布局股票的主要方法之一。通常我選定了標的、開始布局後，因打算分批買進，故常常透過零股下單去買進該股票。看到這裡，定然有讀者覺得不以為然，心想零股一次也才能買多少錢，這樣去買股票也太小家子氣了！作者你湊頁數也湊得太兇了吧？淨說些廢話！

各位先別急，請聽我娓娓道來，這裡面可是非常有文章的。先來說說什麼是零股？通常我們在市場交易一次最少的單位為1000股，也就是一張，但有時候因為個股減資或除權等，每位投資人手中就會有零股出現，也就是未滿1000股的股票。通常如果手裡有零股的話，只能在收盤後下午2點開始下委託單買進或賣出，而零股的交易則是2點30分會集中撮合（集中撮合規則會於文後解說），意即2點30分將會出現一個零股的收盤價。

這種撮合方式就如同股票的開盤或收盤價之交易原理，所以零股的成交價格和該個股1點30分的收盤價並不一定相同，主要是由當時零股的買賣供需雙方決定的。如果買進零股的人多，那麼零股收盤價就會比該個股收盤價高許多；如果零股賣出的人多，那麼零股收盤價就會比該個股收盤價低許多了。而零股在2點25分～2點30分之最近一檔委買價和委賣價是會一直跳動與變動的，所以我們就知道這時買進能不能成交或是划不划算了。

此外，零股單筆買進與賣出的最大委託股數是999股，因此當零股的持有人想賣出時，有些人是會選擇買進零股湊成1000股

（即一張），隔日就能在集中市場上賣出，但大多數投資人的習性多是以直接賣出零股為主，也因此造成了零股的收盤價會較個股收盤價低的情形，基本上兩者間的差距並不會太大。

在簡單的介紹了零股交易規則後，再來大概說說定盤交易。

關於定盤交易

定盤交易也是2點30分收盤，而其買賣最少都是以1張（1000股）為最小單位，成交價格則是與該檔個股的收盤價相同，所以定盤成交價一定和收盤價相同。下單時投資人只能選擇買進或賣出與張數，而盤後的成交價就是該個股1點30分之收盤價。如果買進的一方有80張，而賣出方有90張，那麼定盤交易的成交張數將是80張，賣方將尚有10張沒有賣出去。

零股交易之探討

在某些時候，零股交易買賣雙方的差距將會非常的懸殊，例如剛減資完的個股，這時肯定人人手中都是有零股的，按照常理推斷，一般投資人的習性是以賣出為主，也因此這天的零股賣壓將會是較龐大。

筆者常常會在這一天進場去撿便宜買進零股，值得注意的是，零股單筆委託最大只能下999股，但是如果下了10筆999股全數成交，那麼我的持股將會變成9張又990股，而這9張是可以於隔日直接在市場上賣出的。

通常如果股價較高的個股，我習慣一筆下500股，成交兩筆就等於一張了，這樣就不會還有零股遺留下來。而股價低的個股則是習慣一筆下999股，雖然這樣成交多筆後，還是會留下一些零股，無法湊成整數，但因股價低，剩餘的零股並不值多少錢，一天的漲跌輸贏並不多，所以筆者習慣留著等未來買進多筆999股時，再拿來湊成整張使用。

例如2009年9月21日長榮航（2618）減資後重新上市，預期當日零股將有較大的賣壓，所以盤後我委託買進零股500股一筆，共委託200筆，全數成交100張。

成交價格為下圖所示之14.65元，而當日個股收盤價則是14.9元，價差達0.35元。當日下午2點30分之定盤交易還有成交96張，筆者認為去買進定盤交易14.9元的投資人就真的是傻瓜了，畢竟有14.65元放著不買而跑去買14.9元，這不是傻瓜是什麼呢？

若我的手續費以1.7折計，交易成本只需每張賺0.05元即可打平，因此隔日開盤賣出如成交在14.7元以上，那麼都是獲利的。至於該個股明日開盤將會開高或開低呢？這就要靠運氣了，純粹賭隔日大盤開盤的開高或開低，也就是賭當日晚上美股的漲跌。但筆者認為這畢竟是一個非常公平的賭局，且對方都讓了不少分給我，即使晚上正好碰到美股大跌，導致隔日開低許多而賠錢，那也只好認命，只能說自己命苦了。當然如果買進的數量較大，亦可考慮放空等值之期貨避險。筆者於隔日開盤第一筆賣出長榮航（2618）×100張，數萬元輕鬆入袋。

2009年9月21日長榮航（2618）

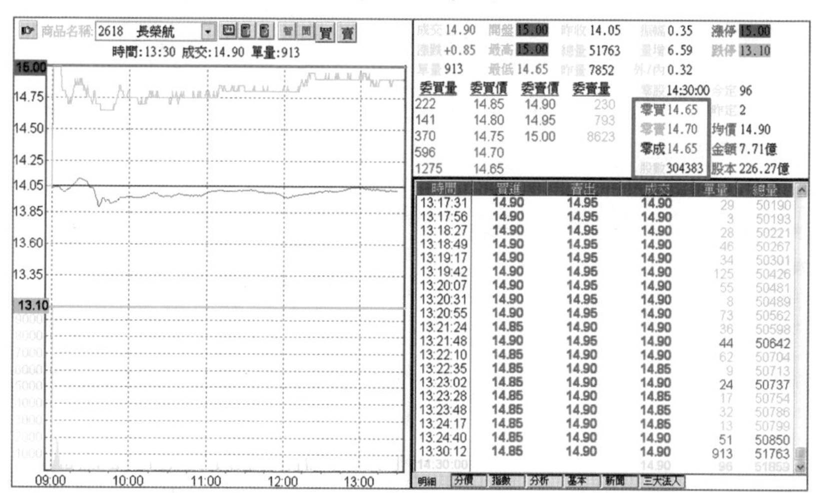

從上圖可看出：

零成14.65，即為零股的成交價。

股數304383，即為成交股數約304張（千股）

在2點25分～2點29分零股收盤價尚未出來前，會先揭露最佳的零股買價與賣價，如上圖之零買14.65元與零賣14.7元。假設2

點29分時零買為14.65元與零賣14.7元，這就表示零股2點30分的成交價格將介於14.65～14.7元之間。

長榮航當日2點30分零股成交價為14.65元，成交股數共304,383股。如果我們下單14.8元買進，那麼我們的零股成交價將為14.65元，相對的如果你的委託價為14.6元買進，那麼將不會成交，因為當日零股的成交價皆為14.65元。

例如2010年6月24日華碩（2357）減資後重新上市，從下圖可知其收盤價為253元，而零股成交價則是250元。筆者手續費以1.7折計，成本約0.8元，因此隔日開盤如果開在250.8元以上，那麼賣出都是獲利的。

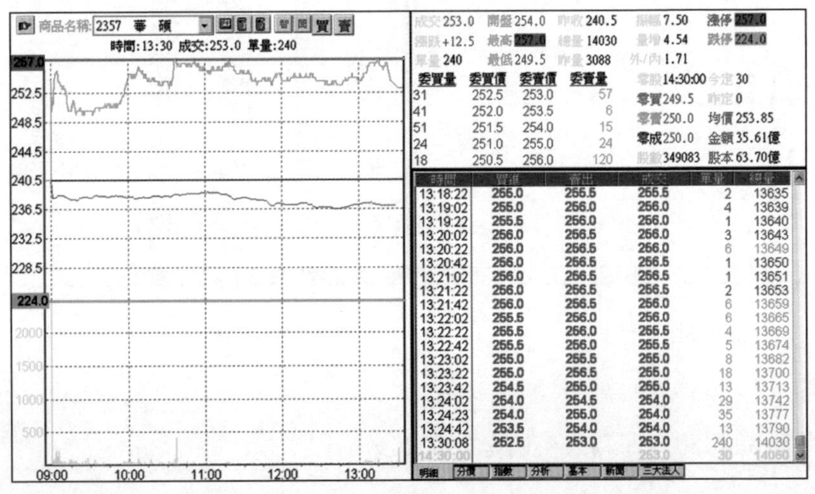

零股的玩法其實是千變萬化的，我們也可以用較科學的方法去推理。例如華航（2610）2012年2月14日現金增資股即將上市

買賣，因為參與現增的投資人於當天都會有零股而無法於盤中賣出，因此就會有些投資人提早於現增股上市的前一天買進所欠缺的零股湊成一張，以期在現增股上市當天，可以在集中市場完全賣出總持股，故現增股上市的前一天因買方較多，常有可能造成零股買賣雙方的供需失衡。

2012年2月13日的華航

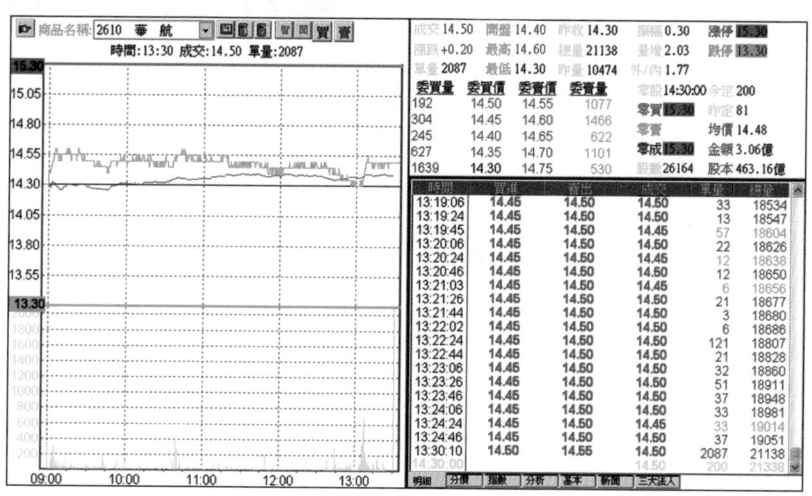

增資股上市前一日，零股成交價為漲停，與收盤價有高達6%的價差。

- 個股月成交資訊
- 個股年成交資訊
- 盤後定價交易
- 零股交易行情單
- 個股日本益比、殖利率及股價淨值比（依日期查詢）
- 個股日本益比、殖利率及股價淨值比（依代碼查詢）
- 暫停交易證券
- TWSE自行編製指數
- 與FTSE合作編製指數
- 與銳聯合作編製指數
- 升降幅度/首五日無漲跌幅
- 變更交易
- 融資融券與可借券賣出額度
- 三大法人
- 中央登錄公債
- 鉅額交易
- 集中市場交易制度介紹
- 收盤前資訊揭露暨配套措施專區
- 市場開休市日期

101年02月13日 零股交易行情單 (元/股)

證券代號	證券名稱	成交股數	成交筆數	成交金額	成交價	最後揭示買價	最後揭示買量	最後揭示賣價	最後揭示賣量
2208	台船	6,760	45	168,308	24.90	24.90	358,178	24.95	5,285
2601	益航	1,712	14	75,668	44.20	44.20	24,589	44.40	1,947
2603	長榮	63,470	279	1,231,208	19.40	19.35	904,659	19.40	58,578
2605	新興	4,190	36	127,152	30.35	30.35	22,694	30.40	4,212
2606	裕民	3,063	28	157,738	51.50	51.50	32,824	52.00	1,189
2607	榮運	1,277	10	22,663	17.75	17.75	43,386	17.90	982
2608	大榮	826	7	27,172	32.90	32.90	11,657	33.00	952
2609	陽明	122,222	527	2,120,412	17.35	17.35	56,058,102	--	0
2610	華航	26,164	90	400,271	15.30	15.30	168,698	--	0
2611	志信	3,523	22	45,799	13.00	12.95	5,826	13.00	2,702
2612	中航	2,146	19	106,439	49.60	49.50	24,836	49.60	179
2613	中櫃	429	3	7,377	17.20	17.15	31,049	17.20	71
2614	東森	9,255	47	40,791	4.41	4.41	41,109	4.42	5,531
2615	萬海	4,008	29	66,721	16.65	16.65	21,550	16.70	5,380
2617	台航	994	13	32,997	33.20	33.20	11,679	33.30	1,199
2618	長榮航	35,943	180	769,138	21.40	21.35	130,414	21.40	24,477
2637	F-慧洋	1,746	11	69,840	40.00	39.95	13,348	40.00	5,604
5607	遠雄港	211	3	4,515	21.40	21.40	11,170	--	0
5608	四維航	5,441	40	162,130	29.80	29.70	14,619	29.80	1,317
6702	復航	2,179	11	47,824	21.95	21.70	999	21.95	567
	合計	295,559	1,414	5,684,163	----	--	57,931,386	--	120,172

成交及最後揭示欄位無內容表示無成交、無委託或暫停交易(僅存託憑證及認購(售)權證有暫停交易機制)。

暫停交易證券明細可連結基本市況報導網站「五檔揭示」查詢。

圖片來源：臺灣證券交易所

從上圖可知零股尚有168千股的漲停委買單買不到。

通常像這類情況，讀者朋友們手中如果正好有華航（2610）的持股，當看到零股大幅上漲時，可以把手中的多張持股請營業員一張拆成兩筆500股，於零股交易賣出，即可全部以漲停價賣出，而更積極的投資人也可在12日買進該股，並於13日收盤拆成零股來賣出。

2011年11月3日台壽保（2833）

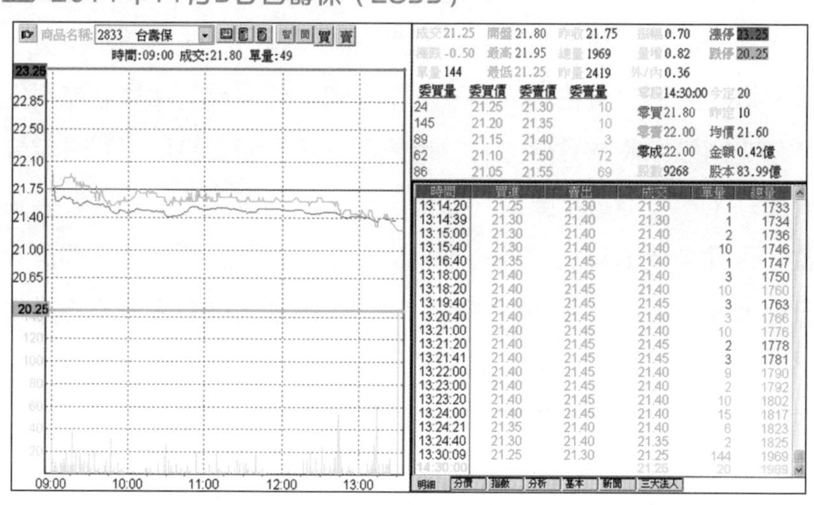

在現增股上市的前一天，收盤價21.25元，與零股成交22元有不少的價差在。

除了減資時零股特別多之外，還有另一種情況買到的零股價格也會特別便宜，那就是全額交割股的零股。

一般全額交割股，因為購買非常不方便，需要先轉帳匯款等，所以買方的購買意願會較低，價格普遍較便宜。我們再來想想，假如自己持有全額交割股的零股，那麼你會想要去銀行匯款幾百塊錢，且還要再花一筆匯款手續費等，之後再打電話請營業員幫你盤後買進一些零股湊成一張，抑或是直接打電話請營業員幫你賣出零股呢？我想答案當然是以直接賣出居多了，也因此全額交割股的零股會較該股收盤價便宜更多。

當然有讀者會說，這也太麻煩吧？雖然全額交割股的零股比市價便宜許多，但我購買前還要先匯款轉帳，之後再請營業員下單，這也太不符合機會成本了吧？其實不然，因為法規並無規定全額交割股零股的買賣方式，也因此許多券商之零股下單系統皆能網路下單，而最重要的一點是，全額交割股的零股不需要先匯款，也就是說全額交割股的零股交割是和普通股票一樣，都是今日買進後，後天才需要付錢的。只是大部分的投資人並不知道這點，也因此造成了全額交割之零股價格長期遠低於市價不少，筆者近幾年也靠此獲利頗豐，在此與各位讀者朋友們分享。

以全額交割股力晶（5346）2010年8月5日為例

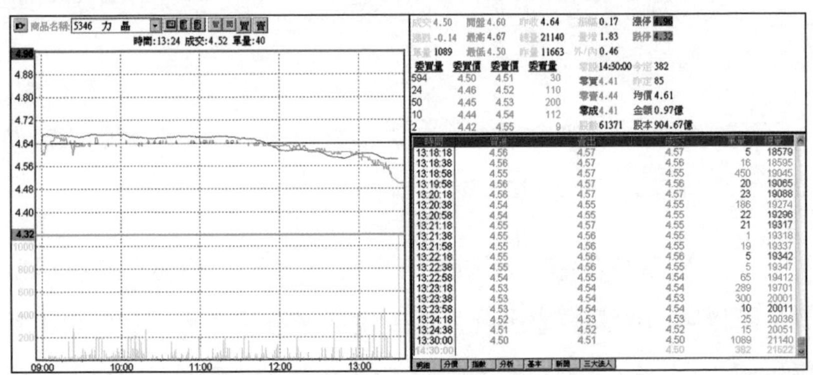

當天5346收盤價為4.5元，零股成交價為4.41元，如果零股你掛4.45元買進，那麼2點30分時你就會成交在4.41元。能以4.41元買進是很不錯的價格，比當日盤中的最低價還要低許多。

通常像一般全額交割股即將恢復普通交易之股票，筆者也常用這個方法，在前幾個月透過零股交易的方式每天慢慢買進數十張，買進價格幾乎都比當日的最低價還要低，試想，每天買進的價格都比當天的最低價還要低，況且之後還有恢復普通交易等大利多，所以就筆者而言，股票要玩到虧錢真的是非常困難的。

力晶（5346）交割單

兆豐證券

日期	交易	股票	股數	價格	金額	手續費	應付金額	單號
99/08/05	普通買進	5346力晶	999	4.41	$4,404	$20	$4,424	B608300
99/08/05	普通買進	5346力晶	999	4.41	$4,404	$20	$4,424	B608400
99/08/05	普通買進	5346力晶	999	4.41	$4,404	$20	$4,424	B608500
99/08/05	普通買進	5346力晶	999	4.41	$4,403	$20	$4,423	B608700
99/08/05	普通買進	5346力晶	999	4.41	$4,402	$20	$4,422	B608800
99/08/05	普通買進	5346力晶	999	4.41	$4,404	$20	$4,424	B609200
99/08/05	普通買進	5346力晶	999	4.41	$4,405	$20	$4,425	B609300
99/08/05	普通買進	5346力晶	999	4.41	$4,404	$20	$4,424	B609400
99/08/05	普通買進	5346力晶	999	4.41	$4,405	$20	$4,425	B609500

再以全額交割股華映（2475）2010年8月4日為例

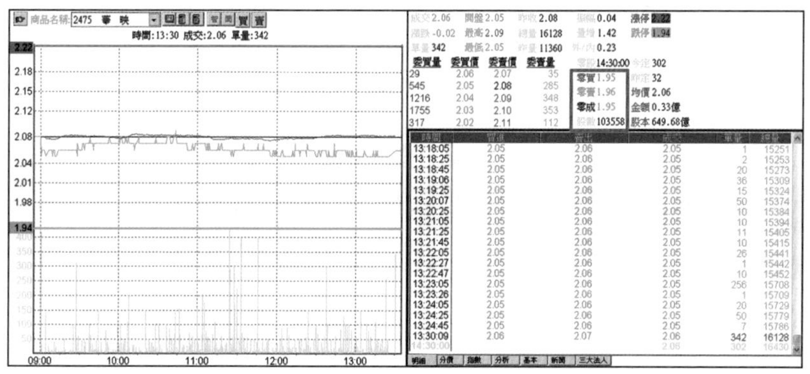

華映當日收盤為2.06元，零股成交價為1.95元，價差幾乎快7%，筆者當然是有多少收多少了，畢竟隔日開盤隨便賣都能賺。

華映（2475）交割單

99/08/04	普通買進	2475中華映	999	1.95	$1,945	$20	$1,965	B603300
99/08/04	普通買進	2475中華映	999	1.95	$1,947	$20	$1,967	B603400
99/08/04	普通買進	2475中華映	999	1.95	$1,945	$20	$1,965	B603500
99/08/04	普通買進	2475中華映	999	1.95	$1,943	$20	$1,963	B603800
99/08/04	普通買進	2475中華映	999	1.95	$1,945	$20	$1,965	B604900
99/08/04	普通買進	2475中華映	629	1.95	$1,224	$20	$1,244	B605000
99/08/04	普通買進	2475中華映	999	1.95	$1,945	$20	$1,965	B605100
99/08/04	普通買進	2475中華映	999	1.95	$1,945	$20	$1,965	B605400
99/08/04	普通買進	2475中華映	999	1.95	$1,946	$20	$1,966	B605500
99/08/04	普通	2475中	999	1.95	$1,945	$20	$1,965	B605700

再以華映（2475）2010年9月2日為例

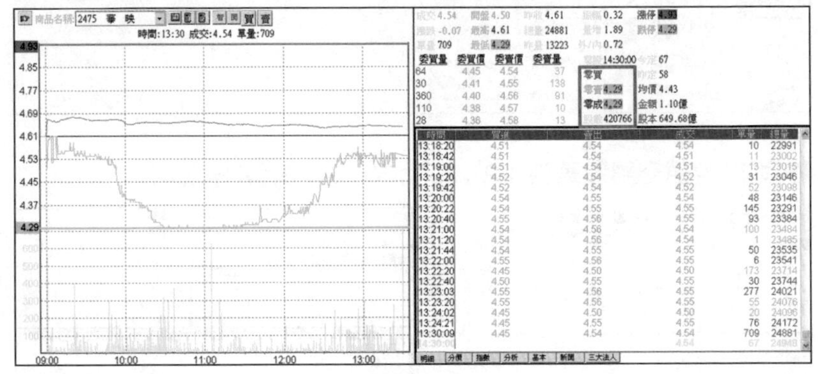

當天收盤為4.54元，但零股成交價為跌停，且跌停還鎖死，筆者在當天買進了200張跌停的零股，隔日開盤就賣出，幾萬元即輕鬆入袋。

該日零股的價差之所以會這麼大，除了因為是全額交割股外，另一個原因即是該股剛減資完，人人手裡都有零股。持有全額交割股零股的大部分投資人，都是較偏向於直接賣出，很少有人會想去匯錢給券商、買進零股湊成一張，也因此造成了零股賣壓極為沉重。

當日點個滑鼠送出一筆即獲利2、300元，筆者於當日2點25分看到賣出價為跌停時，就努力的撿錢，因只有短短5分鐘的下單時間，跌停買單僅送出了2、300筆999股，最後該股零股跌停價尚有343張的委賣未成交，還滿可惜的。

華映（2475）2010年9月2日交割單

99/09/02	普通買進	2475中華映	999	4.29	$4,285	$20	$4,305	B602900
99/09/02	普通買進	2475中華映	999	4.29	$4,285	$20	$4,305	B603000
99/09/02	普通買進	2475中華映	999	4.29	$4,285	$20	$4,305	B603100
99/09/02	普通買進	2475中華映	999	4.29	$4,284	$20	$4,304	B603200
99/09/02	普通買進	2475中華映	999	4.29	$4,285	$20	$4,305	B603300
99/09/02	普通買進	2475中華映	999	4.29	$4,285	$20	$4,305	B603400
99/09/02	普通買進	2475中華映	999	4.29	$4,285	$20	$4,305	B603500
99/09/02	普通買進	2475中華映	999	4.29	$4,284	$20	$4,304	B603600
99/09/02	普通買進	2475中華映	999	4.29	$4,285	$20	$4,305	B603700

從下圖可知尚有343,403股跌停委賣尚未賣出。

TWSE 臺灣證券交易所 > 交易資訊 > 盤後資訊 > ...

× 尋找: 2475　上一個　下一個　選項 ▾　1 個相符項目

2466	冠西電	309	1	9,671	31.30	31.30	690	31.55	972
2467	志聖	1,606	11	35,971	22.40	22.40	1,805	22.50	1,449
2468	華經	0	0	0	--	17.00	11,219	17.05	2,267
2471	資通	139,763	288	3,899,291	27.90	27.90	119,497	--	0
2472	立隆電	10	1	234	23.45	23.45	888,832	--	0
2473	思源	2,654	21	89,830	33.85	33.85	51,196	34.00	1,813
2474	可成	4,056	26	290,404	71.60	71.60	21,983	72.00	3,829
2475	華映	420,766	1,450	1,804,362	4.29	--	0	4.29	343,403
2476	鉅祥	1,024	9	25,494	24.90	24.90	92,764	25.80	500
2477	美隆電	947	9	16,572	17.50	17.40	2,249	17.50	2,625
2478	大毅	1,439	9	48,349	33.60	33.60	10,826	34.00	885
2480	敦陽科	911	6	23,139	25.40	25.40	42,173	26.00	660
2481	強茂	3,849	21	122,394	31.80	31.75	105,156	31.80	7,338
2482	連宇	317	5	6,340	20.00	20.00	11,182	20.35	308
2483	百容	2,396	9	50,912	21.25	21.25	856,325	--	0
2484	希華	9,966	48	172,889	17.35	17.35	2,084,661	--	0
2485	兆赫	1,390	12	69,500	50.00	50.00	22,166	50.50	1,411
2486	一詮	1,326	12	50,249	37.90	37.90	7,526	38.50	500
2488	漢平	0	0	0	--	14.00	1,799	14.10	418
2489	瑞軒	7,866	40	206,076	26.20	26.20	35,143	26.25	1,291
2491	吉祥全	2,776	11	8,630	3.11	3.11	9,121	3.15	4,784
2492	華新科	3,555	19	59,181	16.65	16.60	102,790	16.65	536
2493	揚博	30	1	535	17.85	17.85	11,669	17.90	80
2495	普安	1,650	13	66,571	40.35	40.35	8,686	40.70	1,699
2496	卓越	304	1	2,632	8.66	8.66	695	--	0
2497	怡利電	0	0	0	--	21.40	2,498	21.50	1,052
2498	宏達電	52,899	428	31,104,612	588.00	586.00	5,937	588.00	51,250

因此我們也可同理推論，如果全額交割股剛完成減資，上市前幾日收盤又跌停，因零股成交價通常都會低於該個股之收盤價，如果當日股價是跌停的，那麼零股收盤價也必定跌停，且買進的人將會更少，有不少跌停賣出之零股是沒有賣出成交的。

如果該股連續跌停數日，那麼這幾日想賣出零股的人將會無法賣出，零股的賣壓一日一日的累積，等到某日該個股1點30分收盤價不再為跌停時，那麼當日零股因累積了前幾天之賣壓，價差將會極大。

其實在股市裡有許多有趣的東西，無風險獲利的方法也非常多，筆者在這幾本拙作中就列舉了不少方法，但我並非要讀者朋友們只是單純的模仿操作，畢竟股市就像一個池塘，裡面固定就只有那麼多魚，平時幾個漁夫可以輕鬆的撈取其一天之所需，日子可以過得很富足，但如果一大堆漁夫都跟著進來捕魚，那麼最後的結果將是大家都要餓肚子。

我的用意是希望讀者朋友們也能不斷地努力研究與追求創新，只要細心的觀察與統計，你會發現其實股市裡賺錢的方法真的比你想的還多，當有一天你研究創新了一個方法後，這個方法就是你自己專屬的提款機，在此與讀者朋友們共勉之。

關於全額交割股零股之下單，目前有些券商可以網路下單，有些則否，讀者朋友們要下單之前，最好先詢問券商。就筆者所知，兆豐、凱基、群益等券商是有這個功能的。

此外，全額交割股零股如果要連續多筆下單的話，通常都必須一筆一筆的寫入股票代號、價格、買進、賣出、……等，如此將會耗費許多時間，筆者目前所使用的兆豐證券旺得福軟體就是個不錯的下單平台，滑鼠點一下就是一筆，我只需連續點擊滑鼠50下後再按送出，即可成功委託50筆，在此跟讀者朋友們推薦之。

而零股的手續費也是值得注意的，許多券商皆有單筆手續費最少20元之規定，所以就算成交後一筆手續費不滿20元，券商也會先跟你收20元，之後再按照網路下單的折扣折讓給投資人。當然也有些券商是沒有單筆20元的規定，例如凱基、群益等券商，這點還要請零股投資人多加留意。

關於查詢零股之委買賣張數與定盤交易之資訊，我們可以到證交所與櫃買中心的網站查詢。證交所網址為http://www.twse.com.tw/ch/index.php，進入後選擇交易資訊裡的盤後資訊→盤後定價交易或零股交易行情即可。

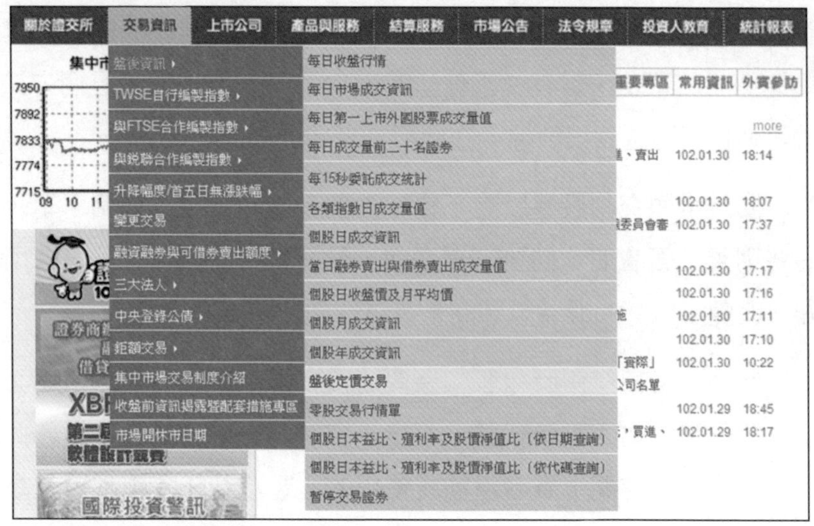

櫃買中心網址為http://www.otc.org.tw/ch/index.php，進入後選擇上櫃股票交易資訊→盤後資訊→盤後定價行情或零股交易資訊。

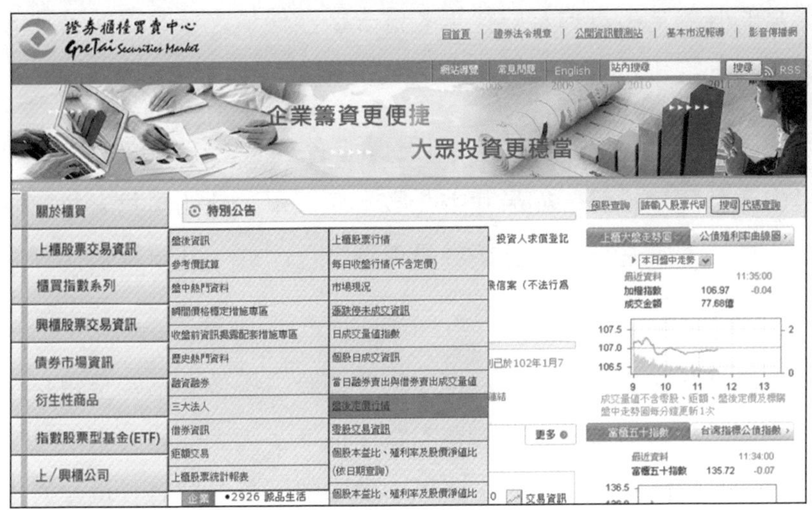

而關於這種零股的買進方法，其實有很多方式可以從市場中提款，舉例來說，假如今天非常強勢漲停的股票，那麼今日去買進它並於明日開盤賣出，幾乎都是穩賺不賠的。但困難的地方在於已經漲停鎖死了，這時我們該怎麼去買到它呢？假如某股漲停鎖住約2千張時，你再去掛漲停價買進，那麼你的委託單就會排在這2千張之後，亦即得等到在你之前的2千張委買都成交後，才會輪到你的委託單成交，這也表示當你成交後，此時漲停也已經打開了。所以筆者從不在漲停已鎖住、並有許多委買時去掛買進排隊。

據筆者統計，剛減資後的全額交割股，雖然約7成的股票下跌機率較高，但也有少部分的個股是呈現上漲的。這類股票通常第一天交易不是漲停就是跌停，如一開盤就漲停鎖死到收盤，因為非常的強勢，所以通常盤後筆者會去掛漲停價之零股買進該股，委託數十筆（500股一筆）之漲停委託單。

因為零股漲停鎖住時，如果買進者多而賣出者寡，那麼則是由電腦隨機抽籤。如果我委託數十筆買單，就如同我去參加抽獎一樣，差別在於我的抽獎券是免費自己印的，且要幾張就有幾張，純粹看我想委託幾筆。

通常此類股票我僅會選擇全額交割股去操作，畢竟全額交割股的零股委買方會較一般股票委買少很多（因大部分人不知可網路下單且以為需先匯款），所以中獎率特別高。同時我也會選擇剛減資完之股票去做買進的動作，因此時零股特別多，儘管當日股價一價漲停鎖死，仍然會有許多的零股持有人賣出，成交的機率將會特別高。

如下圖商丞（8277），其剛減資後第一天即漲停一價鎖死，當日漲停委買有600多張，此時盤中再去買進一定買不到了，而筆者於盤後零股委託數十筆（500股一筆）之買單，總計成交7筆，也就是3張又500股，其中3張於隔日開盤賣出，成交於漲停價，剩下500股再於盤後零股賣出，成交漲停價，共獲利5千多元。

2009年10月28日，商丞（8227）減資後上市的第一天

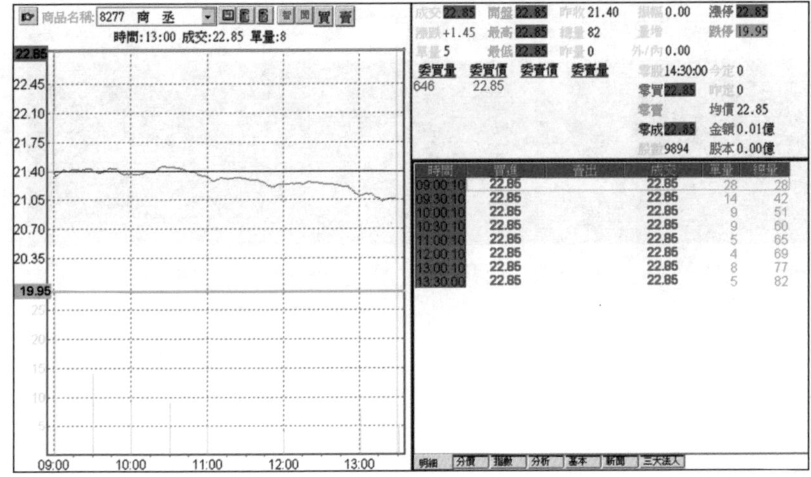

從上圖可看出當日成交量極少，但零股尚成交9張多。

商丞（8227）2009年10月29日

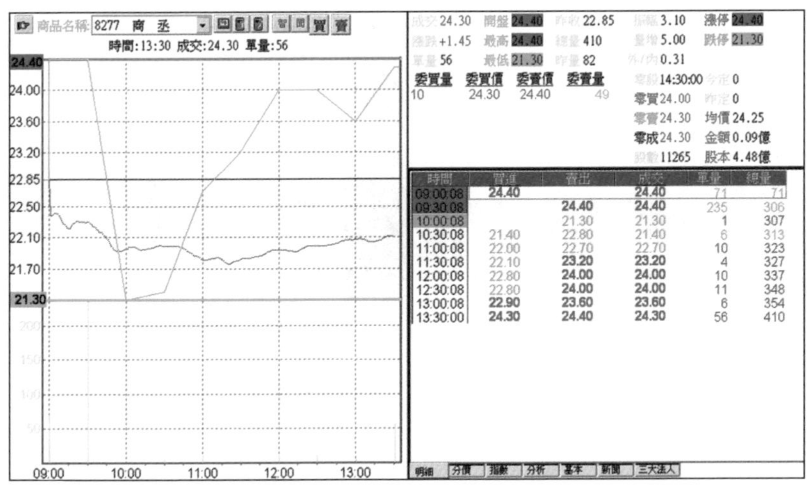

商丞之交易紀錄

交割憑單查詢

姓名	交易日期	股票名稱	委託別	買賣	股數	成交價	成交價金	手續費	交易稅	融資自備款 融券擔保款	融資金額 融券保證金	債息 利息	融券
陳信宏	2009/10/28	8277 商 丞	整股	買進	500	22.85	11425	20	0	0	0	0	
陳信宏	2009/10/28	8277 商 丞	整股	買進	500	22.85	11425	20	0	0	0	0	
陳信宏	2009/10/28	8277 商 丞	整股	買進	500	22.85	11425	20	0	0	0	0	
陳信宏	2009/10/28	8277 商 丞	整股	買進	500	22.85	11425	20	0	0	0	0	
陳信宏	2009/10/28	8277 商 丞	整股	買進	500	22.85	11425	20	0	0	0	0	
陳信宏	2009/10/28	8277 商 丞	整股	買進	500	22.85	11425	20	0	0	0	0	
陳信宏	2009/10/28	8277 商 丞	整股	買進	500	22.85	11425	20	0	0	0	0	
陳信宏	2009/10/29	8277 商 丞	整股	賣出	500	24.3	12150	20	36	0	0	0	
陳信宏	2009/10/29	8277 商 丞	整股	賣出	3000	24.4	73200	104	219	0	0	0	

總價金：23765805 手續費：33881 交易稅：35769 應收總金額(A)：11872103 應付總金額(B)：-11857834 總應收付金額(A+B)：14269

例如2009年9月18日長榮航（2618），此股雖然非全額交割股，但因剛減資的第一天，因此預期零股持有人會在這天賣出不少零股。

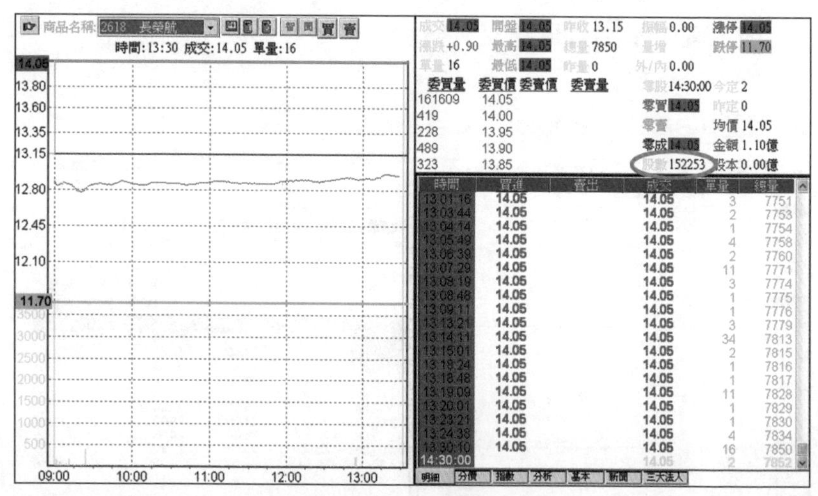

此股剛減資上市的第一天為一價漲停鎖死，漲停共有16萬張的委買，像這天盤後的零股就是不錯的買進時機，當日零股成交量達152張（千股）。而隔日如果收盤沒有漲停鎖住，那麼盤後也

可再買進零股，畢竟雖然9月18日當天會有許多人賣出零股，但仍有不少人因漲停鎖住而惜售，因此零股的部分賣壓將會延到隔日再賣出，如下圖收盤價與零股成交價差距頗大：

隔日長榮航收盤並未漲停，收盤價與零股價差有不小的差距。

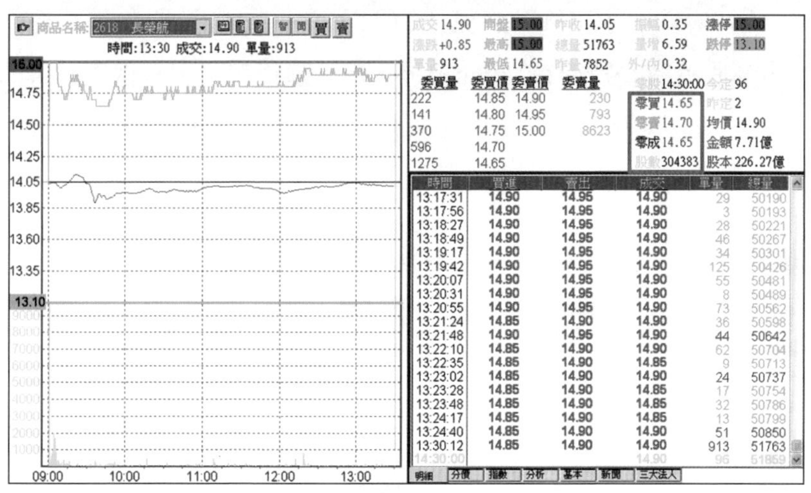

但讀者們看到這裡，可不要想說以後就專挑些強勢漲停鎖住的股票，買進其零股抽獎即可，這樣是有問題的。畢竟如果只找單純的漲停鎖住，因為並沒有減資的關係，賣出零股的人將會少之又少，中獎率其實微乎其微，更何況市場上已經存在一批專找當日漲停板之零股抽籤的投資人了，還可能存在著風險，所以筆者不建議只因漲停鎖住就去零股抽籤。

所謂的風險為何呢？因為一般強勢漲停鎖死的股票，市場上有一批投資人專掛盤後零股買進，且每次都掛了不少委買單下去抽獎，認為這就如同免費的抽獎，但其實這就不是免費的了，因為這批投資人零股掛買的數量實在是太龐大了，有可能成為主力出貨的一個主要路徑。筆者在數年前即發現這個問題，之後果然出現了數次主力出貨的案例。

2009年12月23日，悠克（6131）當日開盤後即強勢漲停鎖住，到收盤時委買尚有13000多張。當天盤後發生了一件很神奇的事，那就是零股居然成交了5881張（千股），而盤後交易也成交了957張，如下圖：

2009年12月23日悠克（6131）

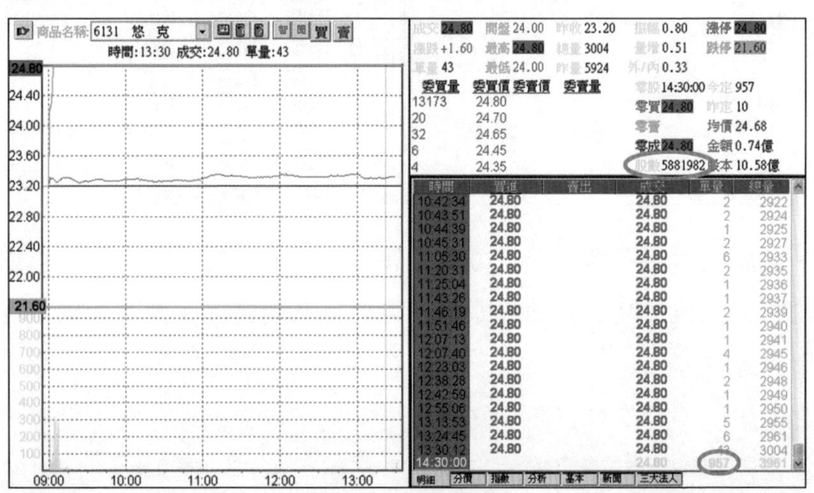

由此可推論，基本上該檔主力於前幾天低點時一路買進了近6千張的持股，而於12月23日將之前買進的股票拆成零股，於盤後零股賣出。誇張的是，主力靠零股出完貨後，委買居然還是漲停

鎖住的，從下表中可見散戶真的掛了非常多委買單，漲停委買尚有47406千股（張）未成交。我想當時主力應該會覺得很惋惜，當初低檔買進太少股票了，想不到散戶居然掛買了這麼多。

而從盤後成交了957張亦可推論出，因為12月23日當天主力為了製造強勢漲停的假象，所以當日也必須在市場上買進近千張的股票，而當日買進的股票如要拆成零股，則需要等隔日才行，因此聰明的主力當日就利用融資買進，而用盤後定盤交易融券賣出了957張，如此當日買進的股票也能在當日當沖全數出場。當然主力於這天已經全身而退，隔天該個股之走勢也就可想而知了。如下圖：

悠克（6131）2009年12月23日

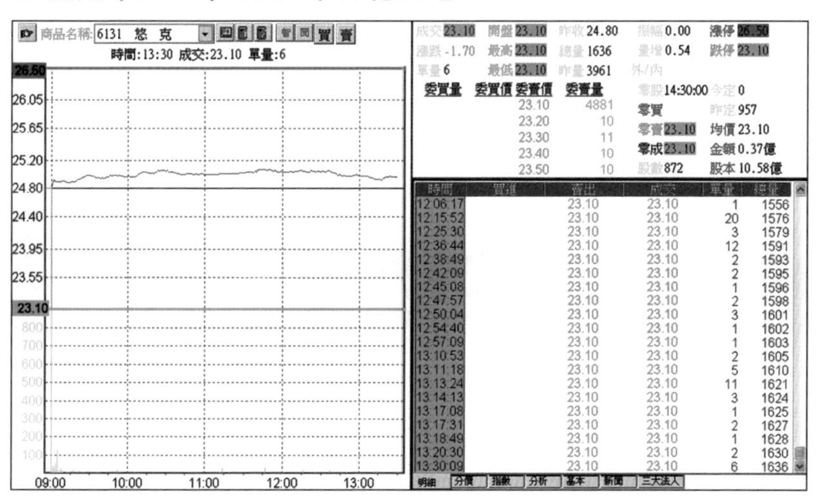

昨日強勢漲停，主力大出貨後，今日開盤即跌停鎖死。

TWSE 臺灣證券交易所 > 交易資訊 > 盤後資訊 > ...

× 尋找: 6131 上一個 下一個 選項 ▾ 1 個相符項目

5484	慈友	7,364	61	201,017	27.30	27.30	14,778,231	--	0
6108	競國	5,551	18	228,698	41.20	41.20	79,010	41.30	2,959
6112	聚碩	3,985	16	102,211	25.65	25.65	35,755	25.70	2,441
6115	鎰勝	5,938	27	369,927	62.30	62.30	11,865	62.40	1,849
6116	彩晶	80,863	304	654,856	8.10	8.10	449,505	8.11	35,610
6117	迎廣	507	3	9,252	18.25	18.25	15,688	18.35	1,564
6119	大傳	2,362	14	27,159	11.50	11.45	4,940	11.50	2,447
6120	輔祥	7,323	48	309,746	42.30	42.30	214,822	42.40	14,306
6128	上福	642	6	31,744	49.45	49.4[illegible]	3,770	49.85	2,252
6131	悠克	5,881,982	11,816	145,868,966	24.80	24.[illegible]0	47,406,329	--	0
6133	金橋	1,166	5	15,506	13.30	13.30	5,510	13.40	459
6136	富爾特	34,325	134	1,043,438	30.40	30.40	252,384	--	0
6139	亞翔	6,982	33	311,388	44.60	44.60	5,670	44.70	6,692
6141	柏承	7,692	30	209,597	27.25	27.25	63,838	27.30	4,889
6142	友勁	11,381	51	208,824	18.35	18.35	62,254	18.40	6,566
6145	勁永	6,593	35	190,192	28.85	28.85	23,141	28.90	7,580
6152	百一	4,044	23	160,134	39.60	39.60	11,414	39.70	12,032
6153	嘉聯益	8,689	47	228,938	26.35	26.35	41,761	26.40	8,503
6155	鈞寶	1,474	12	51,660	35.05	35.05	11,524	35.20	1,580
6164	華興	3,312	17	96,540	29.15	29.15	15,083	29.20	3,293
6165	捷泰	41	1	510	12.45	12.45	23,758	12.55	1,996
6166	凌華	2,741	17	77,564	28.30	28.30	35,658	28.55	976
6168	宏齊	6,993	41	218,524	31.25	31.25	7,083	31.30	10,118
6172	互億	423	2	2,165	5.12	5.12	4,572	5.25	152
6176	瑞儀	28,976	169	1,344,429	46.40	46.40	48,559	46.45	12,628
6189	豐藝	4,937	23	112,560	22.80	22.80	31,613	22.85	3,151
6191	精成科	4,951	23	113,873	23.00	23.00	42,149	23.10	3,359

從上圖可看出零股尚有4萬多張的委買未成交。

TWSE 臺灣證券交易所 > 交易資訊 > 盤後資訊 > ...

× 尋找: 6131 上一個 下一個 選項 ▾ 1 個相符項目

6117	迎廣	0	0	0	18.35	3	0
6119	大傳	6	2	69,300	11.55	8	0
6120	輔祥	14	6	595,000	42.50	13	0
6128	上福	0	0	0	49.40	0	1
6131	悠克	957	367	23,733,600	24.80	824	0
6133	金橋	0	0	0	13.40	0	0
6136	富爾特	52	10	1,580,800	30.40	299	0
6139	亞翔	2	2	89,600	44.80	16	0
6141	柏承	9	6	246,600	27.40	0	1
6142	友勁	3	1	55,350	18.45	24	0
6145	勁永	27	17	783,000	29.00	184	0
6152	百一	0	0	0	39.80	11	0
6153	嘉聯益	42	18	1,113,000	26.50	3	0
6155	鈞寶	0	0	0	35.25	0	1
6164	華興	3	2	87,600	29.20	3	0
6165	捷泰	1	1	12,550	12.55	21	0
6166	凌華	24	3	679,200	28.30	0	6
6168	宏齊	2	2	62,800	31.40	55	0
6172	互億	2	1	10,400	5.20	0	4
6176	瑞儀	8	7	371,600	46.45	39	0
6189	豐藝	10	5	229,000	22.90	18	0
6191	精成科	19	12	439,850	23.15	1	0
6192	巨路	22	9	1,370,600	62.30	9	0
6196	帆宣	22	12	409,200	18.60	0	3
6197	佳必琪	8	8	736,800	92.10	43	0
6201	亞弘電	0	0	0	28.90	7	0

從上圖可看出當日定盤交易尚有824張的委買尚未成交。

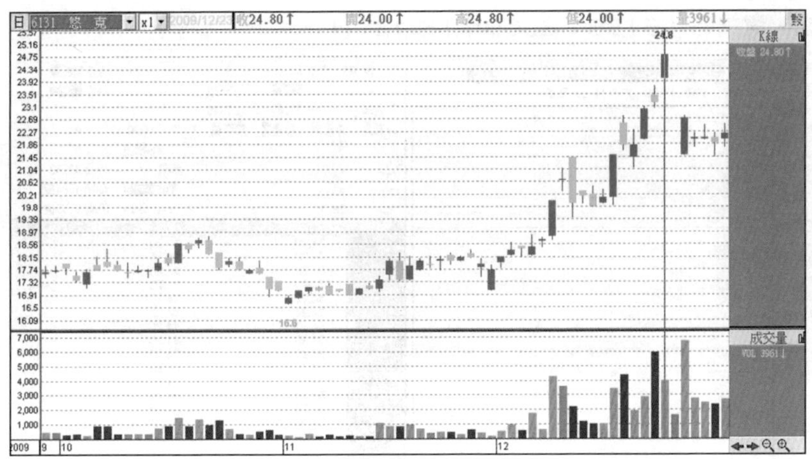

從圖中可看出股價已經先上漲一波，主力早於數日前先買進，最高點即12月23日。

富爾特（6136）2009年12月31日

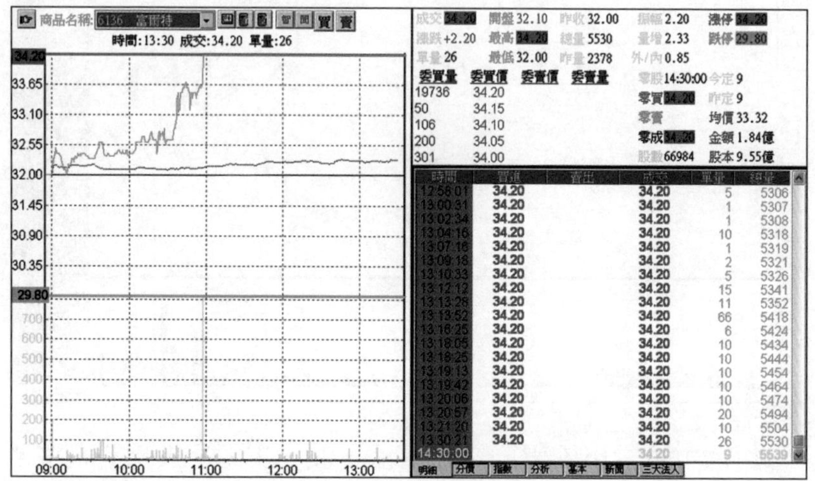

富爾特於2009年12月31日盤中急拉漲停鎖住，委買量也是滿多的，高達19736張，比較特別的是當天盤後零股交易居然成交了約66張（千股），以該個股漲停鎖住且成交量並不大的情況下，零股居然能成交66張（千股），算是有點異常了，而盤後定盤交易也成交了9張。

筆者的看法是，該檔主力深諳人性貪婪之心理學，在出貨前一天放些零股出去，讓那些盤後零股抽籤的投資人先嚐了些甜頭，假設有人委託10筆買單、中了2筆，且隔日開盤股價又漲停鎖死、一價到底，昨日買到的人就馬上現賺7%了。那麼在今日強勢漲停鎖死的情況下，按照人性的貪婪，昨日中獎的投資人今日肯定會委託更多的零股委買單去抽籤了。

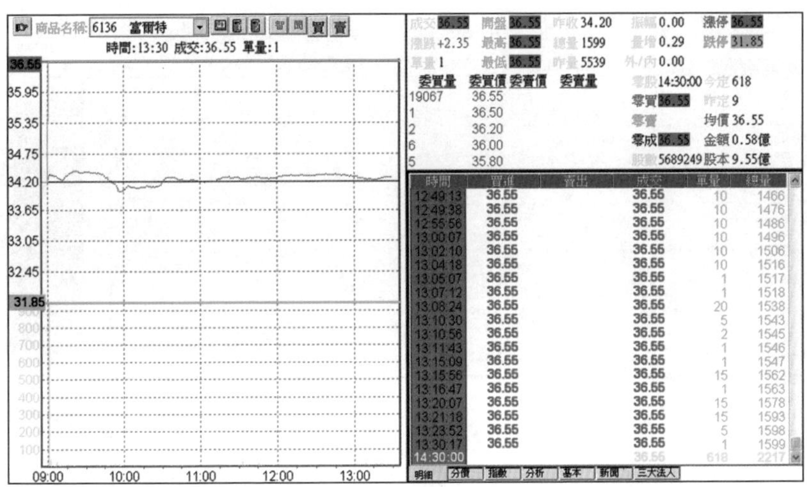

1月4日一開盤即漲停鎖住，而主力於盤後將前幾日買進的現股拆成零股來賣，成交了5689張（千股），並同樣把1月4日當天融資買進之股票，於盤後定盤交易融券賣出了618張，隔日的結局不難想像。

1月5日一開盤即重挫跌停。

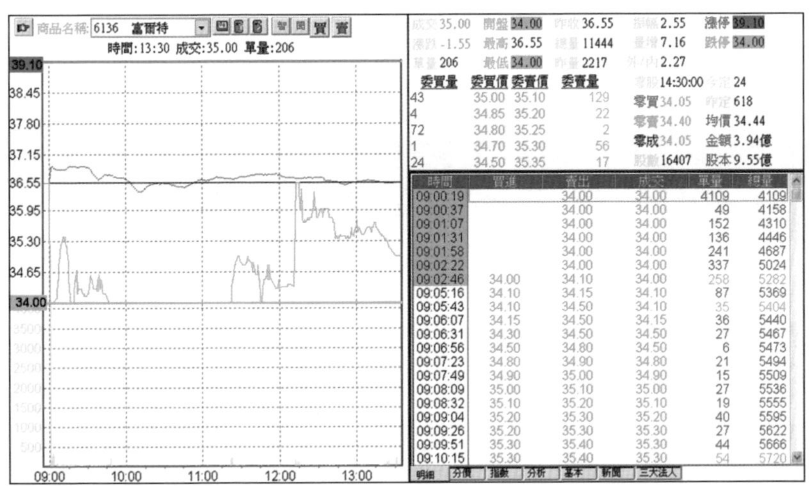

此類股票也是上漲一波後，主力於盤後透過零股的方式賣出。

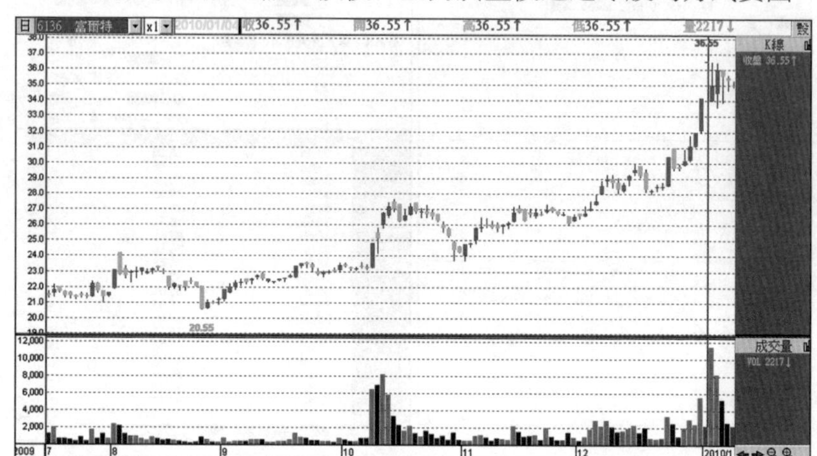

看完了以上的案例後，大致上我們可以知道並不是所有的股票都能這樣做。如只是單純強勢漲停鎖住的股票，基本上因為零股本來的賣出量就不多，成交的機率也就微乎其微了。

如果要抽籤，我會建議找剛減完資且強勢漲停的股票來做才會較合適，同時也需考慮股本，股本太小與成交量太小的股票也盡量避免。像筆者平常的操作都是找些大型公司如華碩、華航、長榮航等，以避免其中有單一個人之操弄。

另外全額交割股剛完成減資後如果強勢漲停，那麼盤後零股抽籤也是不錯的選擇，一則因為剛減資完，所以零股賣壓重；二則因其為全額交割股，零股買方並不多，主力斷不可能找零股買方不多之標的來作為零股出貨目標；三則是不能信用交易，主力無法於盤後定盤交易融券賣出當日買進之股票，將無法全身而退。因此剛減資完的全額交割股雖然股本小與成交量較小，但其實相對安全，這也是我選擇操作此類股票的原因。

第八章
關於合併與收購的研究

近幾年在股票市場裡，常常發生公司合併的情形，而筆者這幾年來也靠藉著合併的案例，在市場中提走了不少款，在此與讀者們分享我的心得。

換股合併

2009年11月14日星期六群創宣布以1比2.05的換股比例合併奇美；群創為存續公司，奇美為消滅公司，合併後群創再改名為奇美電。

也就是說2.05張的奇美持有人合併後可以換一張群創的股票。當時奇美股價為18.8元，群創為47元，我們以換股比率先來算算奇美電理論上的價值，也就是47／2.05＝22.9元，而目前奇美電的股價為18.8元，理論上奇美電還有約21%的上漲空間。

（22.9－18.8）／18.8＝21%（約溢價21%收購）

因此奇美電理論上的價值22.9元可說是散戶的目標價，因為散戶會覺得奇美應該會一路漲停至22.9元。

不過這個算法是有問題的，理由如下：

1. 這個合併長期而言對彼此都是利多，不過對群創短期的股價應該是利空，因為是以高於市價21%換股合併奇美，且最重要的是奇美的股本是群創的兩倍多，這就等於以小吃大，所以筆者認為週一開盤群創會開低不少。既然群創會開低，那麼相對的奇美的目標價也會連帶下降才對，不過群創開低之後的價格會怎麼走，我並不知道，對於個股股價未來的走勢我從不預測，所以就算知道它會開低，對我而言並無法讓我獲利。

2. 距離真正合併換股還有幾個月的時間，這幾個月內的變數還是存在，合併隨時可能會喊停，所以奇美電的合理價格應該是與群創股價約差距5%～7%左右，這5～7%是筆者統計過去幾年來之所有類似合併案例而來的。我們可暫稱這種現象為逆價差，而逆價差會隨著合併的日期越接近而越收斂。**這一點很重要，因為大部分的投資人都會認為奇美會天天漲停，直到與換股價差不多為止。**

瞭解以上兩點後就可以知道11月16日星期一我們該怎麼操作了。

11月16日奇美的漲停價為20.1元，20.1元距離散戶的目標價22.9元尚有（22.9－20.1）/20.1＝13.9%的幅度，假設11月16日開盤群創開低3.5%左右，那麼奇美11月16日開盤漲停後未來再漲的實際幅度可能是13.9%－3.5%（預估群創開低）－5%（逆價差）＝5.4%，表示隔天11月17日奇美電尚有5.4%的上漲空間。

所以11月16日奇美漲停一價到底是沒問題的，當日可以考慮開盤前就掛漲停板買進奇美，如果開盤奇美一價到底漲停，開盤前就掛漲停買進，那麼成交的順序將是電腦隨機排列抽籤的。

如果打算買進100張，那麼直接一筆100張買進，可能的結果就是整筆都成交，不然就是全部都沒成交。筆者是習慣拆成5張1筆，總共分為20筆，因為這樣等同有20張的摸彩券，中獎的機率就會較高了，只是一筆中獎的張數就只有5張而已，但只要中了一筆買進5張，隔天開盤至少就有約5%的利潤。

同時因為11月17日預估漲幅約有5.4%左右，所以這也表示11月17日奇美電開盤漲停一定會打開，而當天開盤前會有許多的散戶反而認為奇美電一定會漲停鎖住，因為他們沒有考慮到5%逆價差這個問題。

2009年11月16日奇美電當日走勢圖

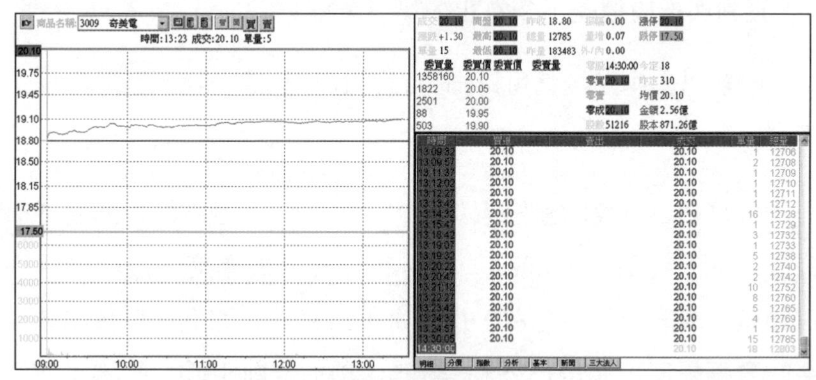

2009年11月16日群創當日走勢圖，當天是開低走高

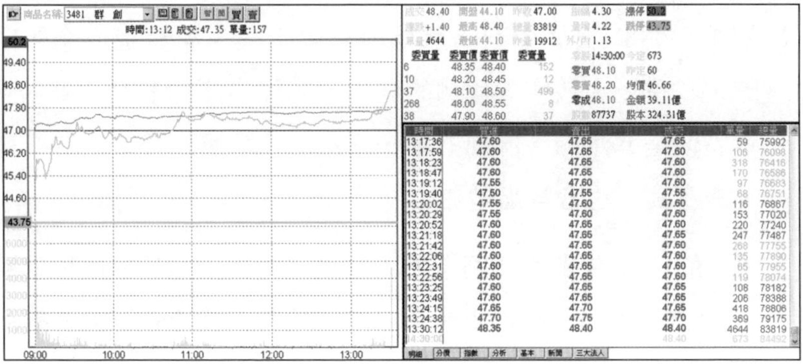

到了11月16日收盤後，原本開低不少的群創，當日開低走高，收盤反而上漲了約2%多。

星期一奇美收盤價為20.1，群創因收盤反而上漲至48.4元，所以奇美的散戶目標價相對的也就跟著上調了，為48.4／2.05＝23.6元。

奇美11月17日漲停板為21.5元，尚離散戶目標價23.6元約還有9.7%左右的距離，再考慮5～7%逆價差的情況，那麼11/18開盤上漲幅度應該還有2～3%左右，所以理論上11月17日漲停也是不會打開的——除非11月17日當天群創是大跌，也因此星期二如果要再去追奇美電那也是可行的，只是獲利並不多。

但如果要再去追奇美電的漲停板，我們要先假設好可能的情況：

1. 如果群創11月17日開盤後一路下跌，那麼將會拉低奇美電11月18日的上漲幅度，所以要是還沒成交的話，筆者就會選擇

取消委託單，因利潤隨著群創下跌，已經越來越少了……。

2. 如果11月17日開盤前掛漲停板去追奇美，有買進成交的同時，我會馬上放空等比例的群創，鎖住中間的價差，畢竟兩者股價是連動的。群創如果一路上漲，那麼之後未來的奇美上漲空間，也會等幅增加。

相對的，如果群創一路下跌，奇美電明日上漲的幅度也就減少，甚至群創當日下跌得更多，那麼當天將可能導致奇美電的漲停打開。

我不喜歡「賭」它未來的走勢，所以如果開盤買進成交奇美後，將會馬上放空同等比例的群創，例如買進奇美100張後，就會同時去放空50張的群創（因換股比例約為2：1）。

但如果嫌避險太複雜，也可在奇美電漲停快打開時，反手券賣沖掉今天開盤漲停買進的奇美，損失些微的手續費。

假設11月17日群創是收平盤，也就是48.4元，而奇美收盤為漲停21.5，委買尚有數十萬張的情況之下：

散戶目標價為48.4／2.05＝23.6元，而11月18日奇美之漲停價為23元，理論上散戶們會認為11月18日漲停板23元買進奇美後，隔天還有0.6元的價差，且11月17日尚有數十萬張的漲停委買，會有許多散戶猜測18日還是會漲停鎖住的，所以自作聰明的開盤搶進漲停板，其實這些人是真傻瓜！

因為有逆價差的因素，所以11月18日當天開盤一定不會鎖住，連續漲停的個股開盤突然打開後，會引出許多前幾天的隱藏賣壓，所以通常開盤後第二、三、四、五筆價格會急挫。

☆註

所謂的隱藏賣壓就是奇美電的投資持有人可能19或20元就有一堆人想賣了，但是看到一開盤委買就鎖住那麼多，當然就不會想賣了，而這些想賣的人就會等到開盤沒有漲停鎖住時再賣出，這時隨便賣都會獲利不少。

因此如果一切照計畫進行的話，我的打算是在11月18日開盤前就預掛大量空單委託平盤放空奇美電，就等同11月18日奇美電開盤開多少價格，我的空單就會成交在那個價位。

因為我知道開盤第一筆漲停沒有鎖住後，奇美電的股價將會急速下挫，相對的群創與奇美的股價已經是同進退了，所以群創也將會跟著跌，故開盤前也可先放空群創。等到開盤這兩檔急殺後，我也將快速回補空單，在短短地兩三分鐘內無風險地賺進約3%左右的利潤，如果放空600百萬的股票，兩三分鐘就穩賺至少15萬元了。只可惜計劃永遠趕不上變化，11月17日群創因為盤中大跌導致奇美當日漲停就打開了，所以這個15萬元筆者並沒有賺到。

但我們可以來看看過去的一些合併案例：

2006年4月9日友達合併廣輝，友達以1比3.5的比例合併廣輝，宣布合併前廣輝股價為12.1元，友達為48.6元。

48.6元／3.5＝13.88元（散戶目標價）

（13.88－12.1）／12.1＝14.7%（溢價14.7%收購）

但14.7%－1%（友達可能開低，因以大吃小且溢價沒那麼高，故預估僅小幅開低）－5%（合併逆價差）＝8.7%

所以其實明天漲停板去追廣輝之後的利潤並不大，因為之後再漲的幅度可能就只有8.7%－7%（明天廣輝漲停）＝1.7%

如果友達明日跌多一點，那麼廣輝漲停就會打開了。4月10日收盤廣輝漲停鎖死，委買尚有近20萬張，收盤價為12.9元。友達收盤則上漲至為49.9元，散戶目標價相對提高到49.9元／3.5＝14.25元。

2006年4月10日廣輝

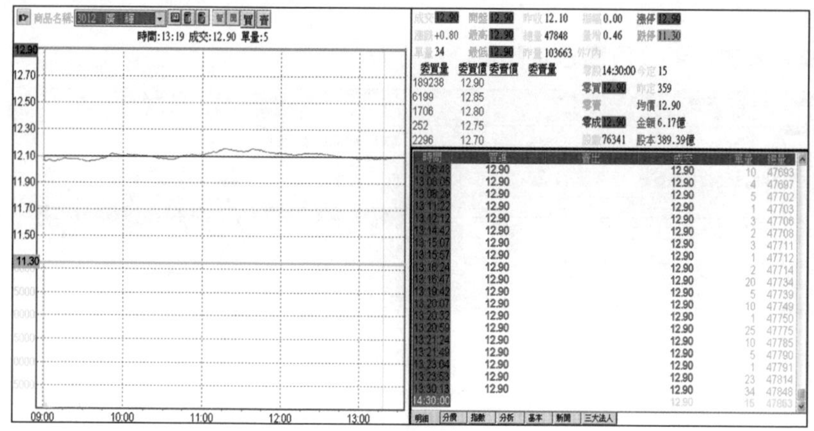

2006年4月10日友達，開平走高

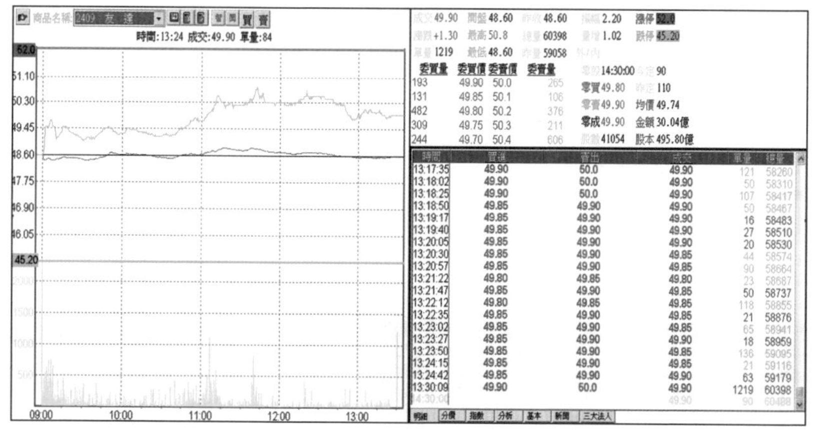

4月11日廣輝漲停板價格為13.8元，距離散戶目標價14.25尚有0.45元的距離，理論上當日漲停並不會打開。不過再考慮逆價差的因素（約5%），我們就知道當天開盤漲停一定鎖不住了。所以當日開盤前就可預先放空廣輝與友達（因為廣輝開盤沒有漲停

鎖住將會急殺，連帶的友達也會跟著急殺）。如下圖：

廣輝4月11日當日走勢圖

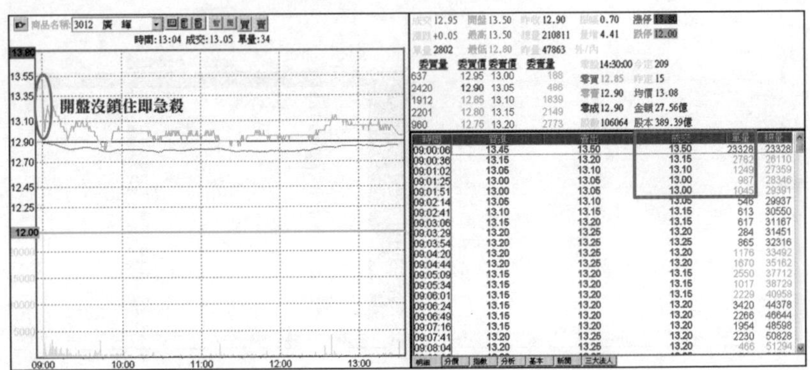

開盤第一筆放空成交後，第二、第三筆再回補至少就有3%的利潤了。

友達4月11日當日走勢圖

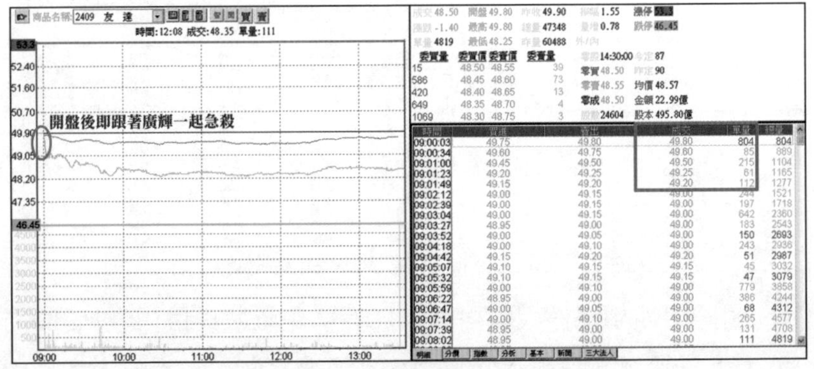

2007年12月3日聯詠以1比3.75合併其樂達，12月3日其樂達開盤即漲停鎖死3萬多張，收盤價為31.45元，聯詠當日收盤價為130元。

散戶目標價為130元／3.75＝34.6元，如圖：

其樂達12月3日走勢圖

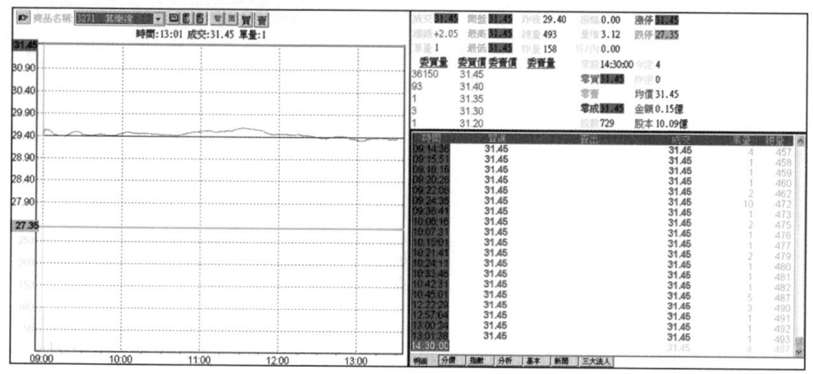

聯詠12月3日走勢圖

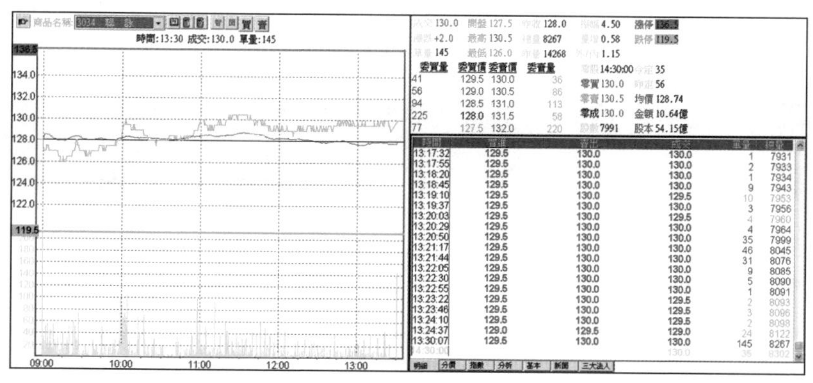

12月4日其樂達漲停價為33.65，理論上與散戶目標價34.6元尚有一小段距離，不過考慮逆價差5%的因素後，我們可以知道漲停板一定鎖不住，所以開盤前就可以去放空其樂達與聯詠了。如圖：

12月4日其樂達當日走勢圖

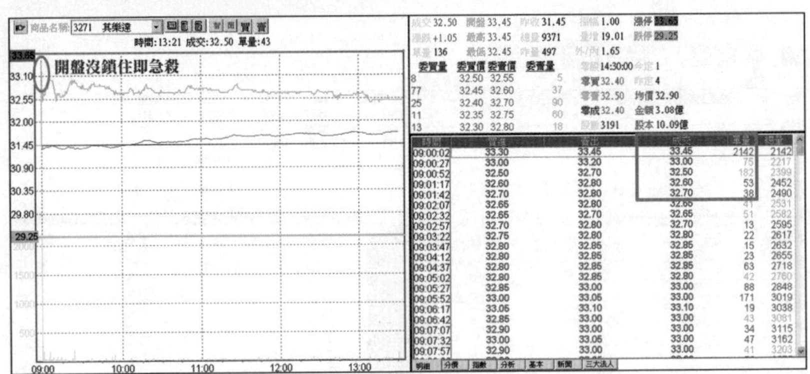

開盤第一筆放空成交後，第二、第三筆再回補至少就有3%的利潤了。

12月4日聯詠當日走勢圖

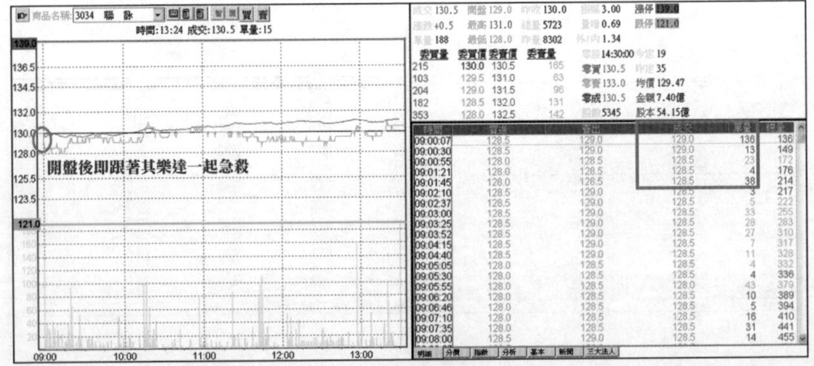

2012年4月5日，開發金宣佈合併凱基證，換股比率為5.5元現金加1.2股開發金，4月6日星期五凱基證開盤即漲停鎖死，收盤價為12.15元，開發金當日收盤為8.74元。

凱基證4月6日當日走勢圖

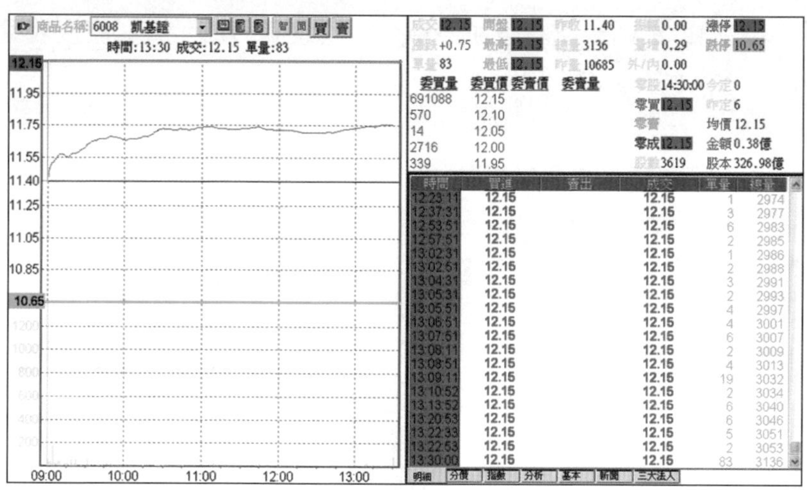

4月6日開發金當日走勢圖

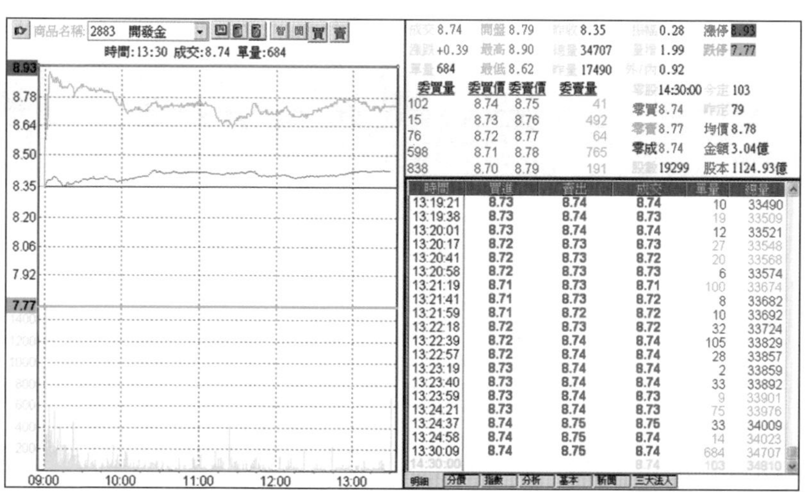

因此凱基證之散戶目標價為5.5元現金＋（8.74元×1.2）＝15.98元，凱基證之散戶目標價距離現在的股價尚有（15.98－12.15）／12.15＝31%的距離，故凱基證隔日開盤漲停絕無問題。

4月9日星期一凱基證漲停鎖死，收盤價為13元，開發金收盤則為8.42元。

4月9日凱基證當日走勢圖

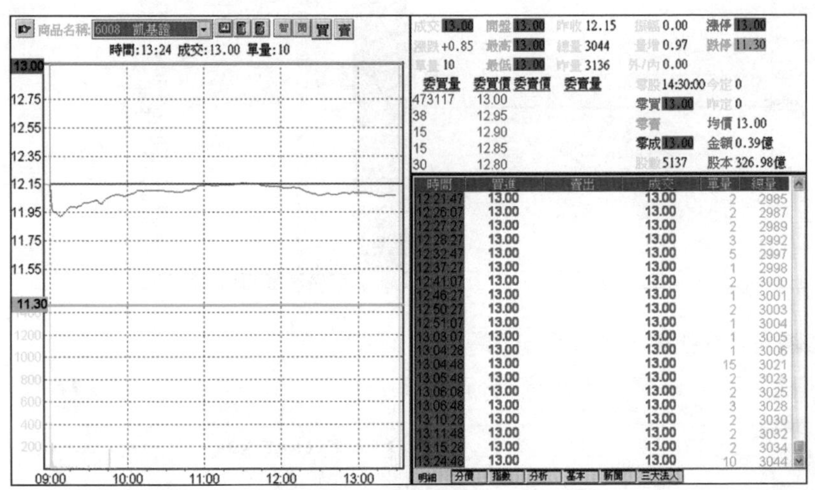

4月9日開發金當日走勢圖

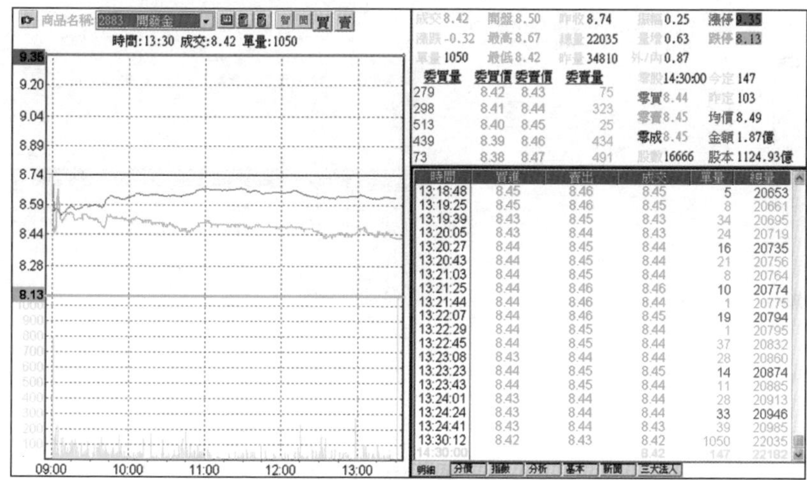

凱基證之散戶目標價為5.5元現金＋（8.42元×1.2）＝15.60元，凱基證之散戶目標價距離現在的股價尚有（15.67－13）／13＝20%，故凱基證隔日開盤漲停絕無問題。

4月10日星期一凱基證漲停鎖死，收盤價13.9元。

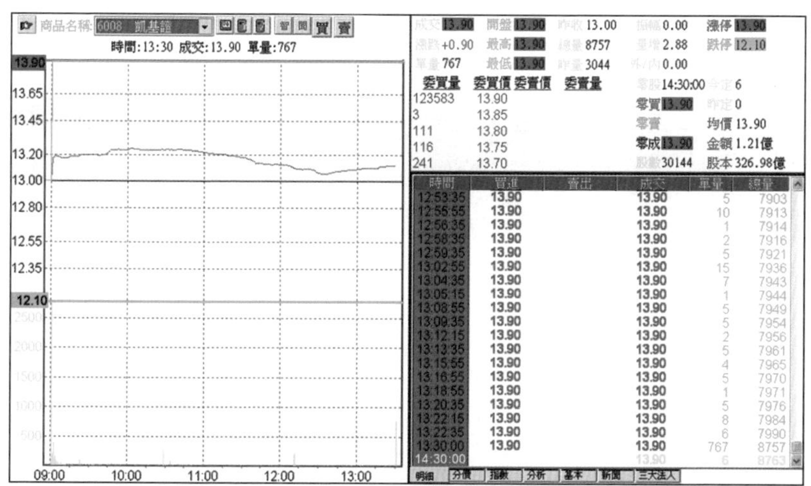

4月10日開發金收盤價為8.48元。

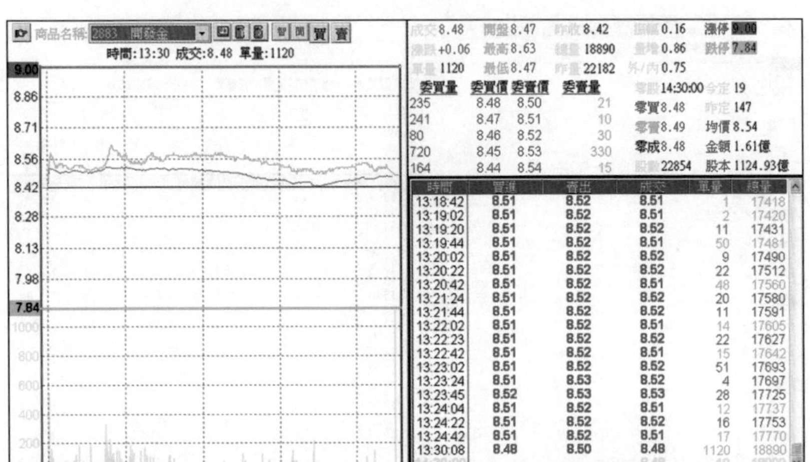

到這裡再重新調整凱基證之散戶目標價為5.5元現金＋（8.48元×1.2）＝15.6元，凱基證之散戶目標價距離現在的股價尚有（15.6－13.9）／13.9＝12%。

理論上明日漲停並無問題，但需要再考慮逆價差5～7%的關係，因此如再扣掉5～7%之逆價差，那麼明日漲停必定打開。因此筆者於隔日開盤平盤放空400張，成交第一筆14元，開盤之後因漲停沒有鎖住，故前幾日之隱藏性賣壓全部出籠，股價與短短幾分鐘內即大跌不少，我也於此時回補空單，獲利頗豐。

4月11日凱基證當日走勢圖

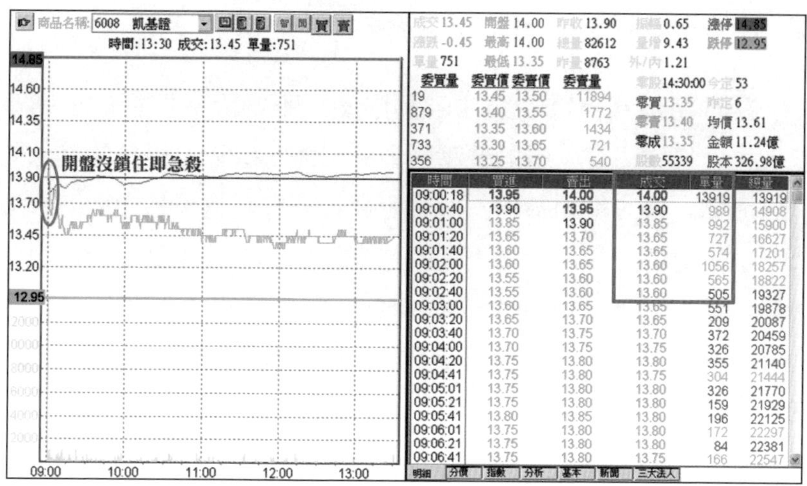

4月11日開發金當日走勢圖

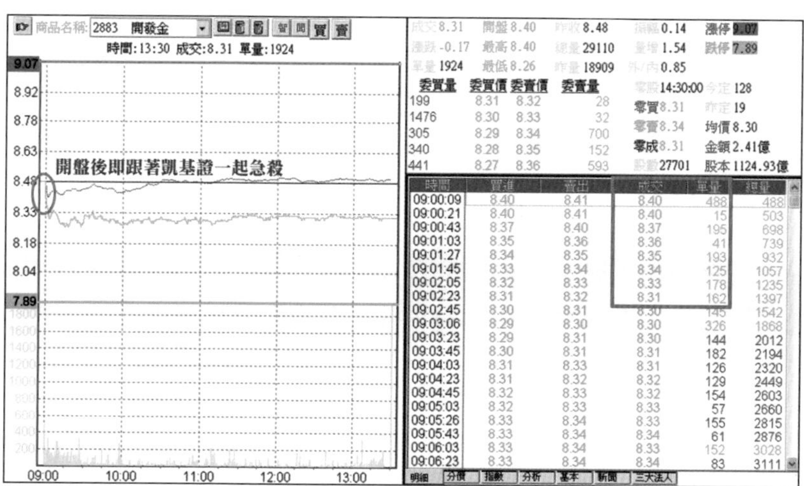

時間再拉回到2009年11月17日星期二，因為當日群創開盤後是一路下跌的，也因此筆者的計畫也將於盤中隨之修改。

當日開盤奇美電是鎖住60萬張的，不過因為群創的一路下跌，也就導致了奇美電的賣壓漸漸的出籠。這種漲停打開就像防波堤潰堤一樣，從開始的一個小洞到後面破洞越來越大而導致潰決。也因此越到後面隨著委買的越來越少，導致賣壓一湧而出。所以約在9點23分左右的時候，奇美電每筆的賣張開始以每筆5000～6000張的出現，而買張從開盤60幾萬張一路減少到剩下約10幾萬張。

這時我知道快潰堤了，所以有兩個作法：1.空奇美；2.空群創。

筆者選擇了空群創，之所以不空奇美是因為我們知道漲停板將要開了，但是因為漲停委買尚有不少的情況下，這時如果放空漲停板，那麼可能還需要幾筆的賣壓將漲停打開後，這時才可能有價差獲利。

但空群創可就不同了，畢竟空了群創後，奇美電快開時的最後幾筆將會出現幾萬張的大賣單，這些賣單將造成同類股群創下跌的助力，也因此筆者在9點25分左右放空了群創約46.8元50張。

直到了奇美出現那幾萬張的大賣單後，我才開始回補了群創，因為計畫中的大賣單已經出現，且奇美漲停已打開了。設定的條件已經實現完成，就沒有理由再繼續持有空單了。所有空單回補於9點29分左右，成交46元。在短短的幾分鐘內獲利三萬多元。

奇美將要打開時，賣單越賣越多。

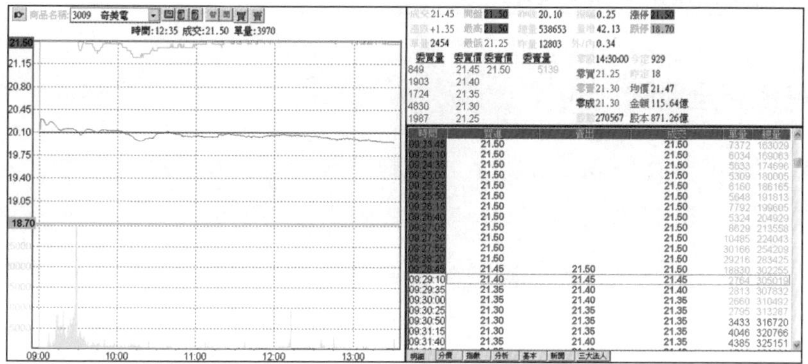

奇美漲停快要打開時，群創開始一路下跌。

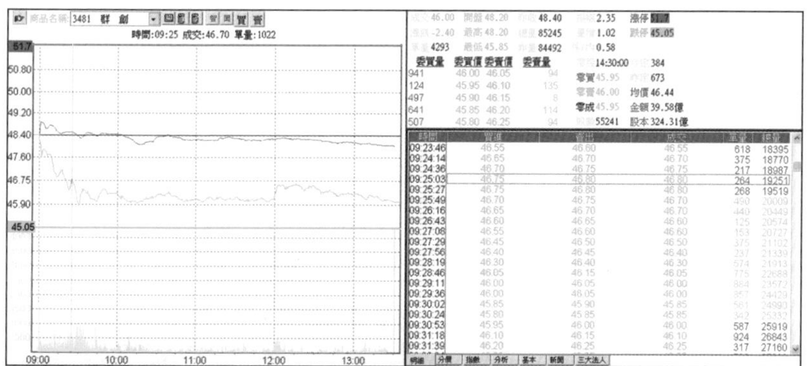

交割憑單查詢

姓名	交易日期	股票名稱	委託別	買賣	股數	成交價	成交價金	手續費	交易稅	融資自備款 融券擔保款
陳信宏	2009/11/17	3481 奇美電	融資	買進	25000	46	1150000	1638	0	460000
陳信宏	2009/11/17	3481 奇美電	融資	買進	23000	46.05	1059150	1509	0	424150
陳信宏	2009/11/17	3481 奇美電	融券	賣出	8000	46.4	371200	528	1113	369559
陳信宏	2009/11/17	3481 奇美電	融券	賣出	5000	46.4	232000	330	696	230974
陳信宏	2009/11/17	3481 奇美電	融券	賣出	5000	46.45	232250	330	696	231224
陳信宏	2009/11/17	3481 奇美電	融券	賣出	5000	46.45	232250	330	696	231224
陳信宏	2009/11/17	3481 奇美電	融券	賣出	10000	46.7	467000	665	1401	464934
陳信宏	2009/11/17	3481 奇美電	融券	賣出	30000	46.8	1404000	2000	4212	1397788
陳信宏	2009/11/17	3481 奇美電	融券	賣出	10000	46.8	468000	666	1404	465930

總價金：37566600 手續費：53509 交易稅：56577 應收總金額(A)：18776759 應付總金額(B)：-18733045 總應收付金額(A+B)：43714

關於現金公開收購

現金完全收購

通常像此類以現金完全收購的例子，就套利者而言僅需買進被收購方，而等到時間到後賣給收購方即可，操作單純，不需要再融券放空等等，也因此逆價差通常較小，對於無合併破局之疑慮的股票，筆者的習慣都是買進後等待收購時間到後，賺取不錯的利息。

例：

光寶科技董事會通過，將透過100%持股子公司寶源自1月31日起至3月15日止，以每股新台幣32.75元，公開收購建興電子流通在外普通股股權。

也因此1月31日開盤即一價漲停鎖死。

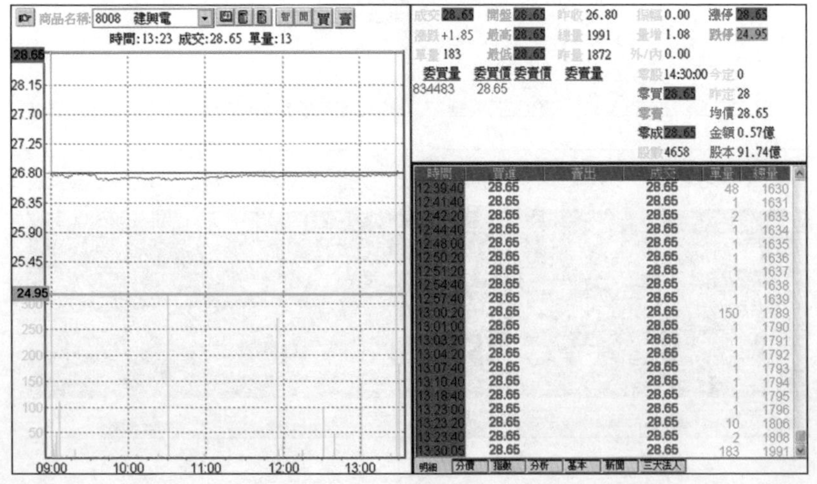

2月1日再漲停鎖死。

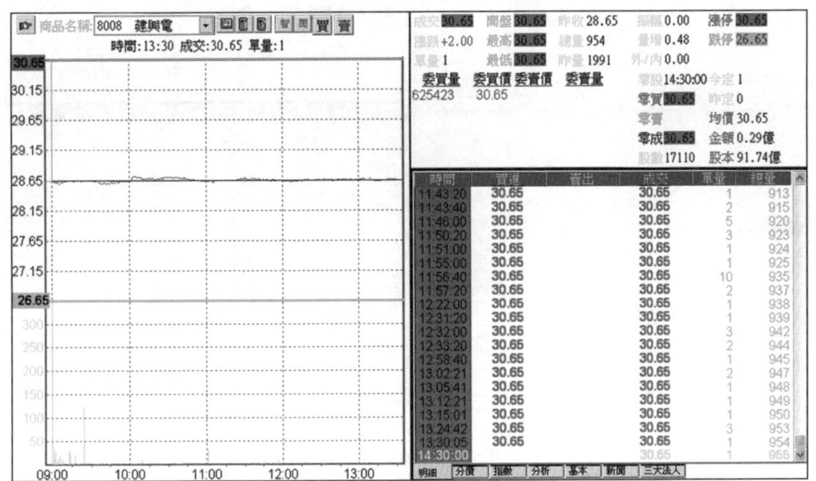

到這裡明日（2/4）的漲停板為32.75元，與收購價32.75元是一樣的，只要會算術的人也都知道明天漲停板一定會開，故開盤去放空漲停是沒有利潤的。**通常有利潤的是大家覺得漲停不會打開，但考慮了逆價差後漲停會打開，這時去做才有利可圖。**

筆者2月4日開盤即買進不少建興電股票，共400張，均價約32.2元，放到3月15日收購截止後再5個工作天即可拿到32.75元。當然這32.75元雖然沒在市場賣出，但之後還是會再扣除千分之3的證交稅。

持有時間約一個半月，扣除交易成本後每張約獲利0.4元，換算年化報酬率約10%左右，這也是不錯的高利短天期之定存。

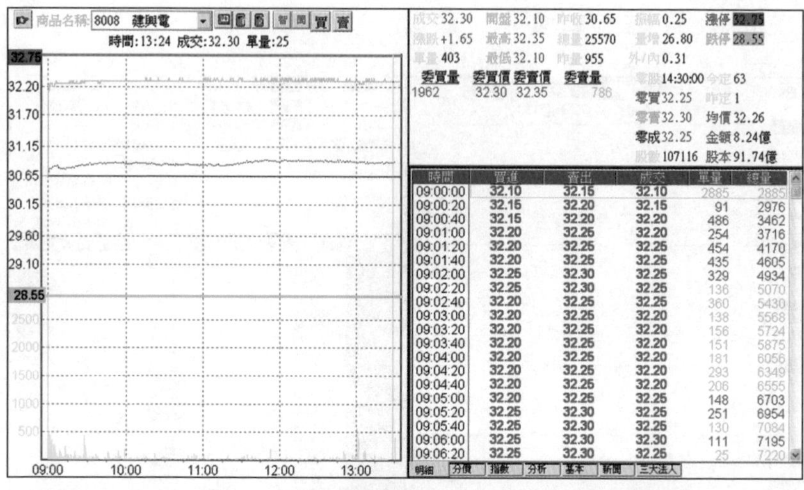

時間	買進	賣出	成交	單量	總量
09:00:00	32.10	32.15	32.10	2885	2885
09:00:20	32.15	32.20	32.15	91	2976
09:00:40	32.15	32.20	32.20	486	3462
09:01:00	32.20	32.25	32.20	254	3716
09:01:20	32.20	32.25	32.25	454	4170
09:01:40	32.20	32.25	32.25	435	4605
09:02:00	32.25	32.30	32.25	329	4934
09:02:20	32.25	32.30	32.25	136	5070
09:02:40	32.20	32.25	32.25	360	5430
09:03:00	32.20	32.25	32.20	138	5568
09:03:20	32.20	32.25	32.20	156	5724
09:03:40	32.20	32.25	32.20	151	5875
09:04:00	32.20	32.25	32.20	181	6056
09:04:20	32.20	32.25	32.20	293	6349
09:04:40	32.20	32.25	32.20	206	6555
09:05:00	32.20	32.25	32.25	148	6703
09:05:20	32.25	32.30	32.25	251	6954
09:05:40	32.25	32.30	32.25	130	7084
09:06:00	32.25	32.30	32.30	111	7195
09:06:20	32.25	32.30	32.25	25	7220

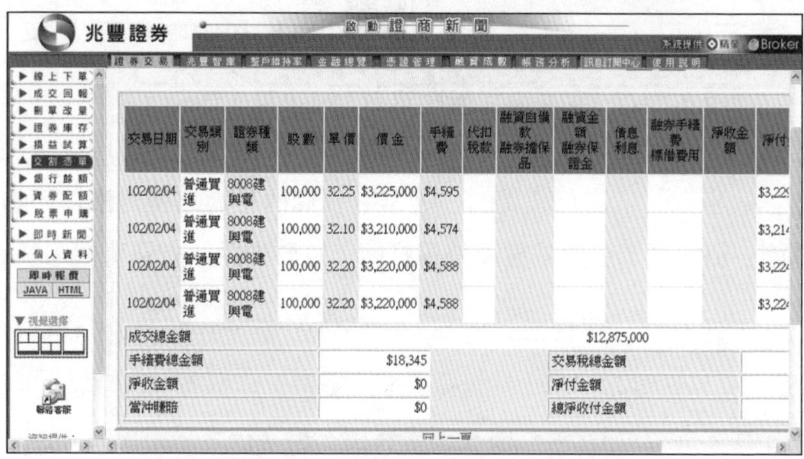

交易日期	交易類別	證券種類	股數	單價	價金	手續費	代扣稅款	融資自備款 融券擔保品	融資金額 融券保證金	借息 利息	融券手續費 標借費用	淨收金額	淨付
102/02/04	普通買進	8008建興電	100,000	32.25	$3,225,000	$4,595							$3,22
102/02/04	普通買進	8008建興電	100,000	32.10	$3,210,000	$4,574							$3,21
102/02/04	普通買進	8008建興電	100,000	32.20	$3,220,000	$4,588							$3,22
102/02/04	普通買進	8008建興電	100,000	32.20	$3,220,000	$4,588							$3,22

成交總金額	$12,875,000		
手續費總金額	$18,345	交易稅總金額	
淨收金額	$0	淨付金額	
當沖賺賠	$0	總淨收付金額	

部分現金收購

看以下例子：

力成公開收購超豐

公開收購人擬以現金為對價，每股新臺幣25.28元整收購本公司普通股最高數量為282、304、340股，最低收購數量為166、061、377股。

從上面文章我們可以知道力成最大極限為收購超豐51%，所以如果想賣給公開收購人太多超過51%以上，那麼照比例將無法賣出全部持股。

也因此對於該交易投資人無法完全套利，部分持股將無法完全賣出，故此類的股票逆價差就會較大。

而前面的建興電收購案提議購買股權最高收購數量為5億3288萬6485股（即建興已發行股份58.09%），雖然理論上並沒有完全收購，但再扣掉收購方的原本持股後，已可視為完全收購。

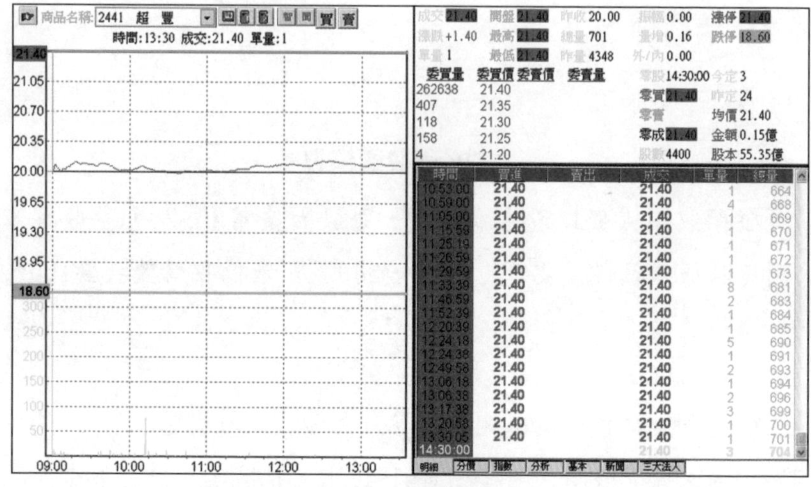

12月16日開盤漲停鎖住，收盤價為21.4元，距離收購價25.28元尚有18%（25.28－21.4）／21.4＝18.13%。

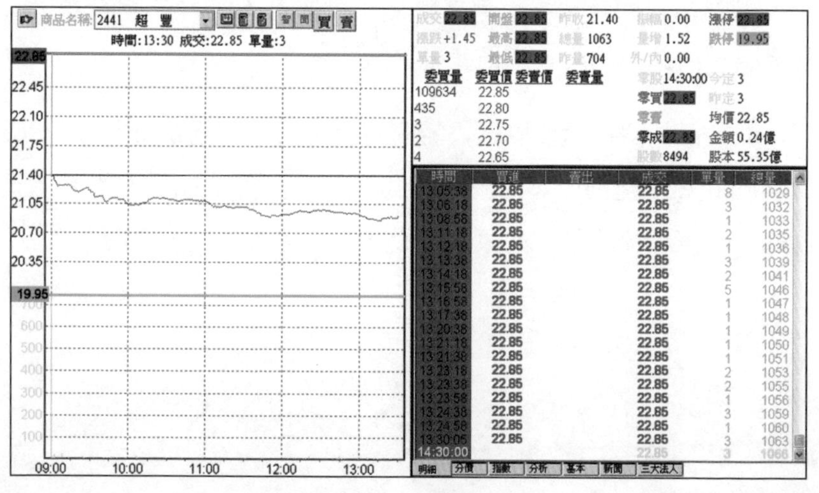

12月19日開盤漲停鎖住，收盤價為22.85元，距離收購價25.28元尚有10.6%（25.28－22.85）／22.85＝10.63%。

如果考慮了逆價差5～7%，那麼我們就可以很確定知道明天開盤漲停將會打開，也因此可以開盤第一筆去放空了。畢竟這並不是完全現金收購，如果是完全現金收購，那麼我們反而可以考慮在價格不錯的時候搶進股票，等待收購。

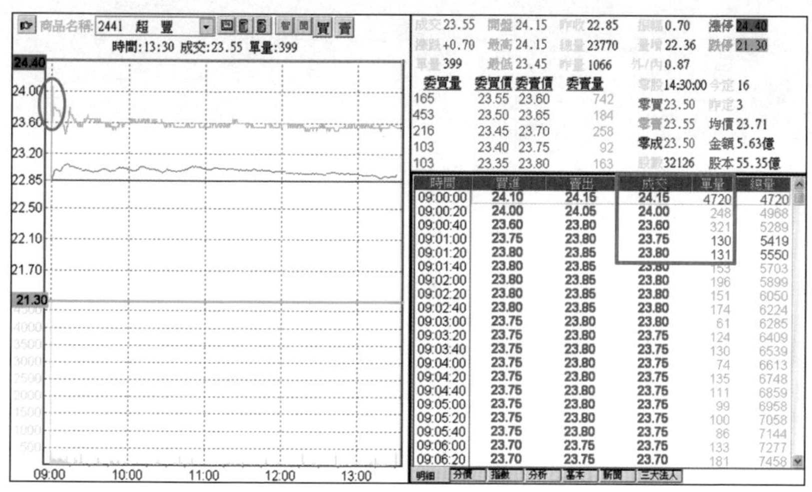

委買量	委買價	委賣價	委賣量
165	23.55	23.60	742
453	23.50	23.65	184
216	23.45	23.70	258
103	23.40	23.75	92
103	23.35	23.80	163

時間	買進	賣出	成交	單量	總量
09:00:00	24.10	24.15	24.15	4720	4720
09:00:20	24.00	24.05	24.00	248	4968
09:00:40	23.60	23.80	23.60	321	5289
09:01:00	23.75	23.80	23.75	130	5419
09:01:20	23.80	23.85	23.80	131	5550
09:01:40	23.80	23.85	23.80	153	5703
09:02:00	23.80	23.85	23.80	196	5899
09:02:20	23.80	23.85	23.80	151	6050
09:02:40	23.80	23.85	23.80	174	6224
09:03:00	23.75	23.80	23.80	61	6285
09:03:20	23.75	23.80	23.75	124	6409
09:03:40	23.75	23.80	23.75	130	6539
09:04:00	23.75	23.80	23.75	74	6613
09:04:20	23.75	23.80	23.75	135	6748
09:04:40	23.75	23.80	23.75	111	6859
09:05:00	23.75	23.80	23.75	99	6958
09:05:20	23.75	23.80	23.75	100	7058
09:05:40	23.75	23.80	23.75	86	7144
09:06:00	23.70	23.75	23.75	133	7277
09:06:20	23.70	23.75	23.70	181	7458

12月20日超豐開盤沒漲停後即急殺。

從20萬到6000萬
的操盤之路

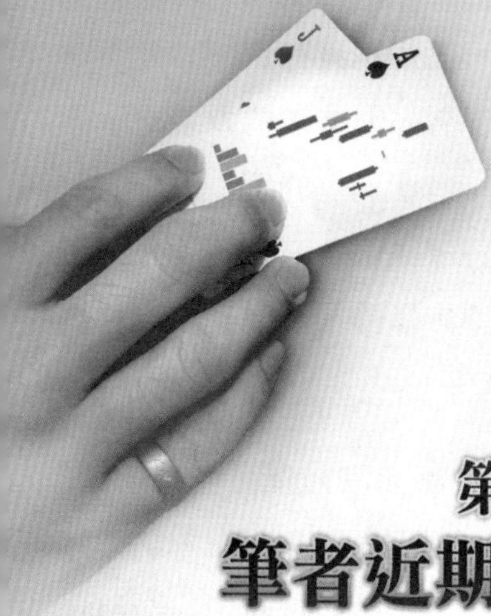

第九章
筆者近期之部分操作

力晶2012年第三季因淨值轉為負，股價剛減完資後即天天跌停，鎖死了數十天。當時的筆者其實很看好力晶這檔股票的，因為過去幾年DRAM是眾所皆知的「慘業」，廠商倒的倒，退出的退出。到了2012年世界上已剩下主要的三家大廠：三星、美光、海力士，也就是所謂的寡佔市場。根據歷史經驗，通常寡佔市場裡很難弄倒對手，較少發生價格之惡性競爭。

另外DRAM這個產業，景氣好的時候廠商賺錢賺得很多，EPS賺了好幾元，但景氣不好虧錢的時候，相對的EPS也是一年虧損好幾元，而大部分的廠商這幾年已經燒錢燒了數年，許多廠商每年都是虧損數百億。

筆者一直有個觀念，如果這個產業不是所謂的夕陽產業，而只是單純的景氣循環的話，那麼即使近幾年來該產業景氣不好，總會有否極泰來的一天。

記得2001年時，傳統產業當時的景氣，就如同現在的雙D慘業一樣，而當時的新聞用字都是用「傳統慘業」。當時最不會漲的就是傳產股了，尤其是營建與鋼鐵股，當時的媒體報導，鋼鐵股因為無法與大陸價格競爭與國內的房地產景氣不佳等，走了好幾年的空頭，而營建股則是因為空屋率過高，每年的房價都是呈現下跌的，已經跌了十幾年了。

當時的媒體也常報導因為出生率低與空屋率高的情況下，將會通貨緊縮，房價還會繼續下跌等……，當時連我也想不透這兩個產業有何前景，怎麼還會有人想去買這類的股票，因為當時最火紅的當屬電子股了。但奇特的是，等到景氣突然一反轉，景氣循環一到，這兩類傳產股就走了數年的大多頭了，而股價走了大多頭後，利多當然接踵而至了！

因此筆者認為，這世上景氣沒人說得準，反而媒體對於景氣的預測，或許比我們擲硬幣去猜測機率的準確度還要低。大家對於景氣的預測，也都是樂觀的時候更樂觀，悲觀的時候更悲觀，所以我從不相信景氣的預測與報導，觀看這些資料只會影響自己的判斷力。

當時衰了幾年的慘業鋼鐵股與營建股，從2001年開始鹹魚翻身，也走了幾年的大多頭。

鋼鐵股燁輝月K線走勢圖

營建股興富發月K線走勢圖

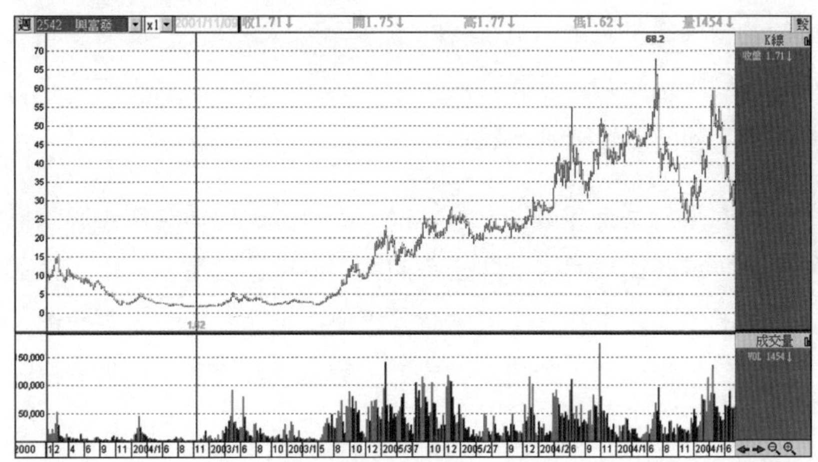

筆者堅信，景氣這種東西就如同一年四季的循環，在最寒冷的嚴冬到來時，長黑漫漫，當然這也意味著春天的腳步近了。全球這幾年DRAM在大小廠都陸續退出，但我相信2013年DRAM的走勢將會相對健康許多，過去怎麼賠的，以後有機會賺回來。因此2012年第三季各DRAM廠虧損累累時，我就開始注意DRAM股。當然DRAM共有三檔：為華亞科、南科、力晶。

先談談力晶這檔股票。我當時想買DRAM股時有考慮過力晶，但因第二季財報出來時，上半年共虧損80幾億，EPS為-3.88元，淨值僅剩下0.28元，而第三季DRAM的報價又比第二季差了許多，因此我認為第三季財報出來後，該公司將會淨值轉負面臨下市。也因為第三季財報出來後，將有這個大利空，所以當時筆者雖然看好該產業否極泰來，但卻未購買該股票，僅是在耐心等待。

在等待什麼呢？等待它最大的利空出來，那就是該公司第三季財報出來後主管機關公告其下市。下市的股票還是會有它一定的市場價值存在，通常主管機關公告其下市後，要再隔40天後才會正式停止交易而下市。

一般的投資人總認為主管機關公告下市後，股價將會天天跌停至下市的最後一天，畢竟要下市的股票，誰會願意買呢？但這個想法其實是錯誤的，因為即使要下市的股票，除了遭惡意掏空的公司之外，在交易市場上還是有其一定的價值存在，市場上有許多投資人在專門收購這些股票。他們買進的理由或許是看好未來公司起死回生或另有目的等，另外依照筆者統計過去的歷史資料發現，在主管機關公告下市後的第一天跌停打開有蠻大的機率是下市前的最低點。

另外筆者最看好該股的另一個原因則是認為它將成為管理股票，通常下市的公司只要變成了管理股票，股價也都會有數倍的利潤。

例如：

英群（2341）2010年9月初主管機關公告下市後，即一路跌停鎖死，0.52元跌停打開時，幾乎是最低價，而於10月15日成為管理股票後，股價即飆漲一大段。如下圖：

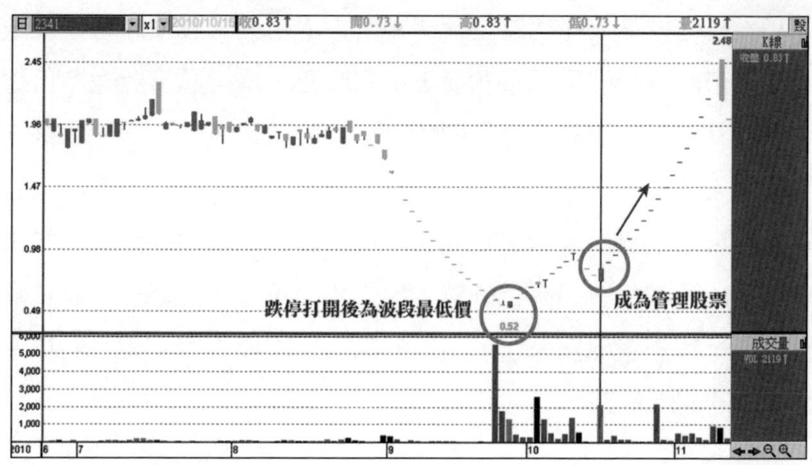

東雲5月初遭主管機關公告即將下市，因此股價連續跌停鎖死數日，於6月初0.11跌停打開後，股價即為下市前之最低價。6月底公告其成為管理股票後，股價即飆漲一大段。如下圖：

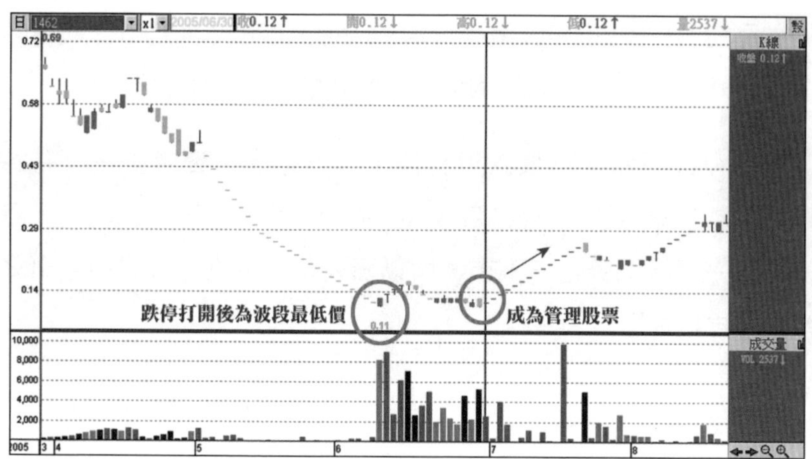

建台9月初遭主管機關公告即將下市，因此股價連續跌停鎖死數日，於該月底0.32跌停打開後，股價即為下市前之最低價。10月中公告其成為管理股票後，股價即再飆漲一番。如下圖：

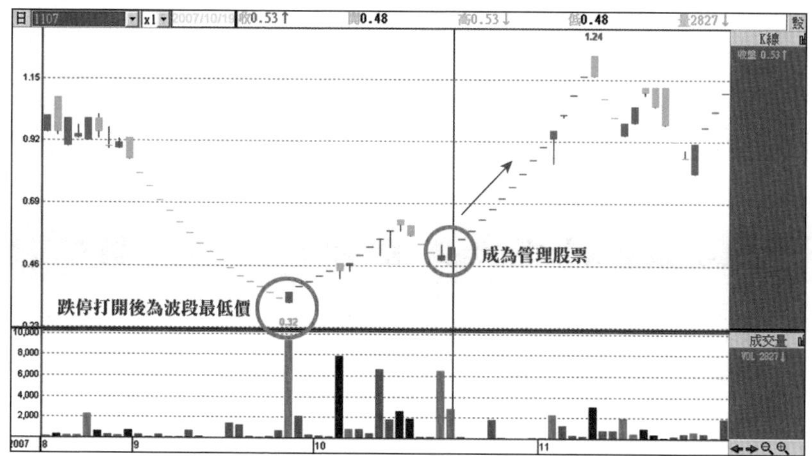

而力晶於9月下旬股價減資重新掛牌上市後，因為新聞報導其淨值已轉負，恐有下櫃之疑慮，股價也連續的跌停重挫。

10月25日當天股價跌停打開了，但這一天筆者並沒有有進場，因為我知道該股11月1日收盤後將有個大利空即將出現——淨值轉負主管機關公告其下市，所以真要買當然也等這個利空出來後跌停再買進即可。

10月25日當日跌停打開，但因利空尚未出盡，故暫不進場。如下圖：

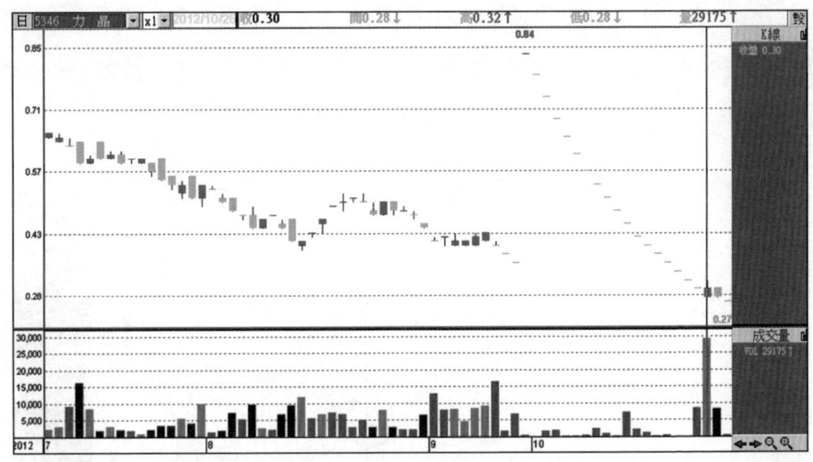

之後該股又連續的跌停數日，11月6日跌停開始出量，筆者透過三家券商進場買進數萬張之力晶。

我之所以有這麼大的信心，綜合起來有三大理由：

1. 通常公告下市的股票，在跌停打開的那一天，有很大的機會是下市前的最低點，更何況力晶在主關機關公告前，股價就已經提前反映跌停了數十根了，故筆者認為其股價亦有可能超跌。
2. 其有申請為管理股票之大利多。
3. 配合其成為管理股票後，正逢年底年初，照筆者的經驗，這段期間主漲投機股，越低價位的漲最多，因此力晶將會是首選。

在我買進當日，外資共賣出了5萬多張，佔當日總成交量超過一半以上，而外資庫存尚有10多萬張。當時筆者還曾被網友譏笑被外資倒貨了，且外資庫存尚還有10幾萬張還沒賣，這樣隔日的走勢不就更慘！等外資全部倒完貨後，股價可能要跌到0.01了！

其實並不然，該股之前天天跌停鎖死，其實主要都是外資的停損賣壓。跌停打開的前幾天，雖然天天跌停鎖死，但每日都有少許的成交量，從這些成交量與當日外資的買賣超，可以推斷出跌停的賣壓大部分都是外資的停損單。

各位不要把外資想像得無所不能，據筆者近幾年和外資交手的情況，外資的操作手法其實跟散戶差不多，只能說是個有錢的土財主，只是贏在比起一般散戶某些時候有較多的內線而已。

想想如果外資真這麼厲害，就不會當初力晶買在10元、20元，而等到0.21元時才停損出場了。另外所謂的外資，並非為同一個人或同一家公司，而是幾百幾千家的外國基金到台灣來。

而美林、高盛……等，可以把它們想像成一般的證券公司，如兆豐、元大等，外資客戶是透過美林、高盛這些券商下單。

假設美林當日賣出，那可能是它的某位客戶賣出，也可能是美林的自營部賣出，某外資客戶從美林賣出100張股票，那麼當日外資美林的進出表就賣出100張，如果某外資客戶透過本土券商買進100張xx股，那麼在當日外資進出表就看不到了。

所以今天雖然力晶外資賣出了5萬多張，但並不代表剩下的10多萬張股票庫存是同一人所有的。這10多萬張股票是數千家外資的總合庫存，且一家的看法並不代表全部外資的看法。

而筆者當日買進後將股票匯撥至凱基等券商，因為通常全額交割股是無法網路下單賣出的，但某些券商卻有這個功能，而未來股票賣出時，時間就是金錢，如果無法網路下單賣出，那麼價格將有可能差了不少，遂將股票從兆豐匯撥至凱基等券商。匯撥股票其實很簡單，在股票交割後當天，帶著自己的集保本與證件和匯撥目的地之券商帳號即可（須為同一人），至證券公司辦理即可，隔日開盤前目的地之券商即可收到股票。

另外剛才提到的外資在內線上贏過散戶的意思，筆者指的是例如某家公司要發行海外GDR，通常發行GDR都是折價發行的，這時就有許多人進行套利，也就是去認GDR，而在台灣放空同等比例的股票，但是發行GDR的確定日期是非常保密的，一般公司發行GDR時都是透過外資券商承辦，只有主辦的券商知道在哪一天發行，且是以發行當日的現股收盤價再折價幾%，所以去套利就會有個問題：如果不知道確切的發行日而太早放空，放空後該公司股價大漲後才發行GDR，那麼就算折價不少，也會發生虧損而套不了利。但如果等到宣佈發行日的隔天再去放空，那麼因為一大堆人也是同樣的動作，所以通常隔天開盤該股價都是開低不少的，這時你去放空的價位也會非常差。

因為只有主辦外資券商知道確切的發行日，所以通常在發行日前，主辦外資券商就會透露這個消息給他們的外資客戶，好讓他們先行放空。所以筆者認為外資的操作真的沒什麼，只是在某些時候有內線罷了。

筆者在11月6日買進數萬張的力晶。

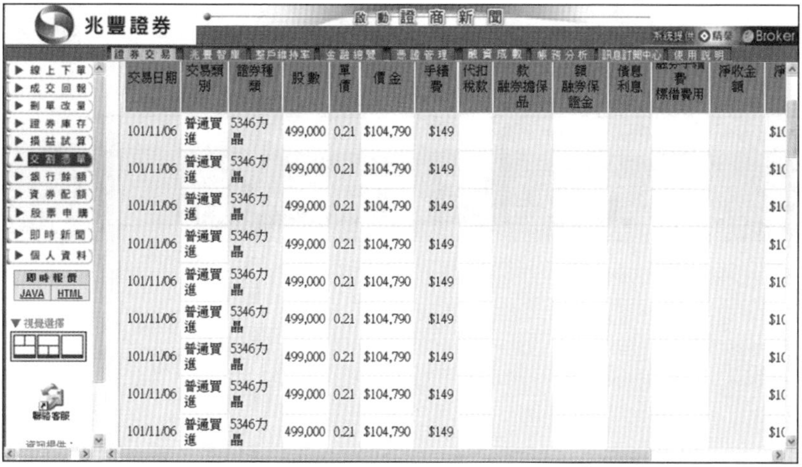

兆豐證券

交易日期	交易類別	證券種類	股數	單價	價金	手續費	代扣稅款	款 融券擔保品	額 融券保證金	債息 利息	費 標借費用	淨收金額	淨
101/11/06	普通買進	5346力晶	499,000	0.21	$104,790	$149							$1
101/11/06	普通買進	5346力晶	499,000	0.21	$104,790	$149							$1
101/11/06	普通買進	5346力晶	499,000	0.21	$104,790	$149							$1
101/11/06	普通買進	5346力晶	499,000	0.21	$104,790	$149							$1
101/11/06	普通買進	5346力晶	499,000	0.21	$104,790	$149							$1
101/11/06	普通買進	5346力晶	499,000	0.21	$104,790	$149							$1
101/11/06	普通買進	5346力晶	499,000	0.21	$104,790	$149							$1
101/11/06	普通買進	5346力晶	499,000	0.21	$104,790	$149							$1
101/11/06	普通買進	5346力晶	499,000	0.21	$104,790	$149							$1

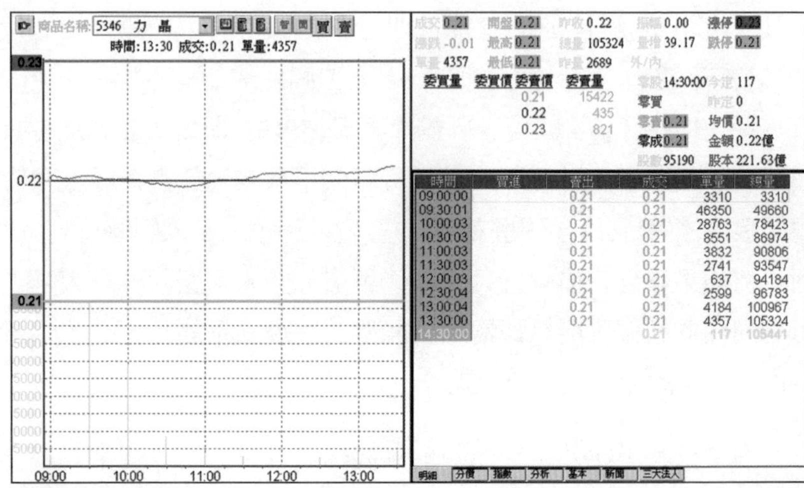

商品名稱 5346 力晶
時間:13:30 成交:0.21 單量:4357
成交 0.21 開盤 0.21 昨收 0.22 振幅 0.00 漲停 0.23
漲跌 -0.01 最高 0.21 總量 105324 量增 39.17 跌停 0.21
單量 4357 最低 0.21 昨量 2689 外/內
委買量 委買價 委賣價 委賣量
0.21 15422
0.22 435
0.23 821
零股 14:30:00 今定 117
零買 昨定 0
零賣 0.21 均價 0.21
零成 0.21 金額 0.22億
股數 95190 股本 221.63億
時間 買進 賣出 成交 單量 總量
09:00:00 0.21 0.21 3310 3310
09:30:01 0.21 0.21 46350 49660
10:00:03 0.21 0.21 28763 78423
10:30:03 0.21 0.21 8551 86974
11:00:03 0.21 0.21 3832 90806
11:30:03 0.21 0.21 2741 93547
12:00:03 0.21 0.21 637 94184
12:30:04 0.21 0.21 2599 96783
13:00:04 0.21 0.21 4184 100967
13:30:00 0.21 0.21 4357 105324
14:30:00 0.21 117 105441
明細 分價 指數 分析 基本 新聞 三大法人
09:00 10:00 11:00 12:00 13:00

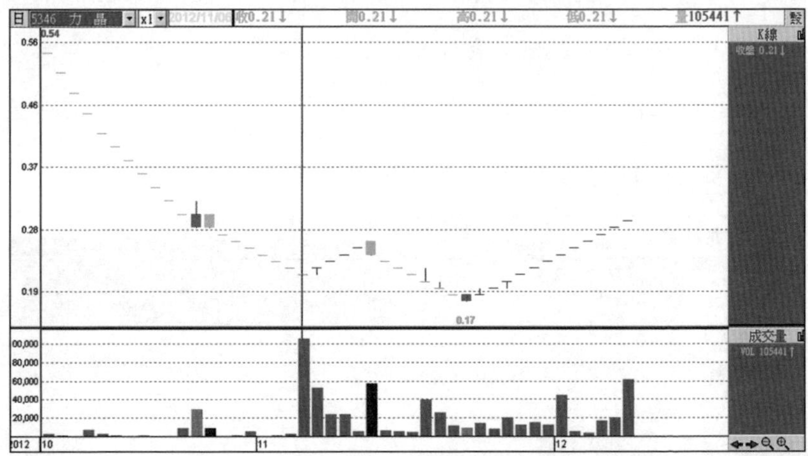

日 5346 力晶 x1 2012/11/06 收0.21 開0.21 高0.21 低0.21 量105441
K線
收盤 0.21
0.54
0.17
成交量
VOL 105441
2012 10 11 12

11月7日力晶收盤為漲停，這也代表外資殺在波段最低點。如下圖：

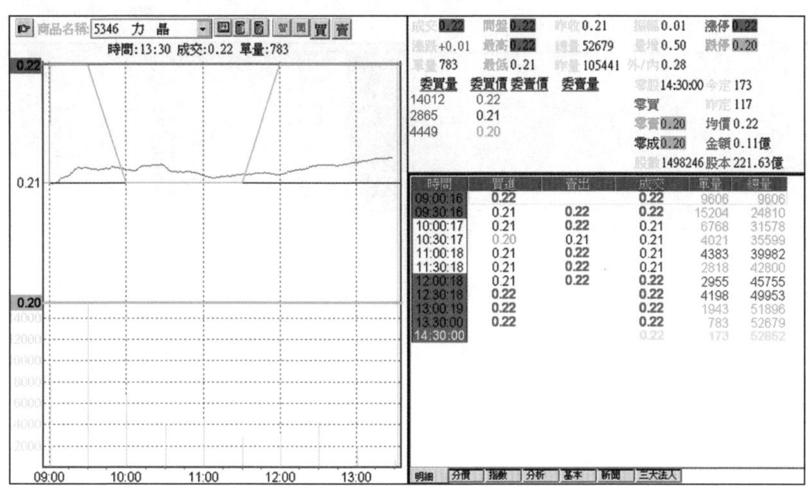

之後11月8日力晶開盤即漲停，我開始逢高調節了幾千張持股，這時有讀者會問了，為何才漲停兩天就會開始想賣出呢？我的投資習性就是，當開始獲利時即會逢高賣出調節持股，如果股價一路漲，那麼我將一路賣，而賣出的獲利可以降低我們目前持有部位的平均成本。

如果賣出後股價有大幅度拉回，那麼我們也可再買回之前賣出的持股，賺取中間的價差。如股價沒回檔一路漲，往好的方面想我手裡還有不少的持股，我的持股價格也會越賣越高、越賺越多。

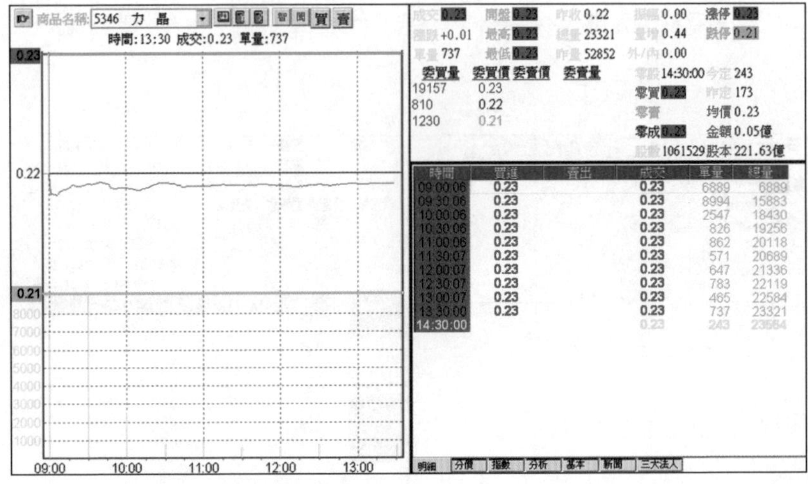

11月8日力晶開盤即漲停。如上圖：

11月9日雖然漲停鎖死，然而筆者一樣再逢高調節幾千張的持股。如下圖：

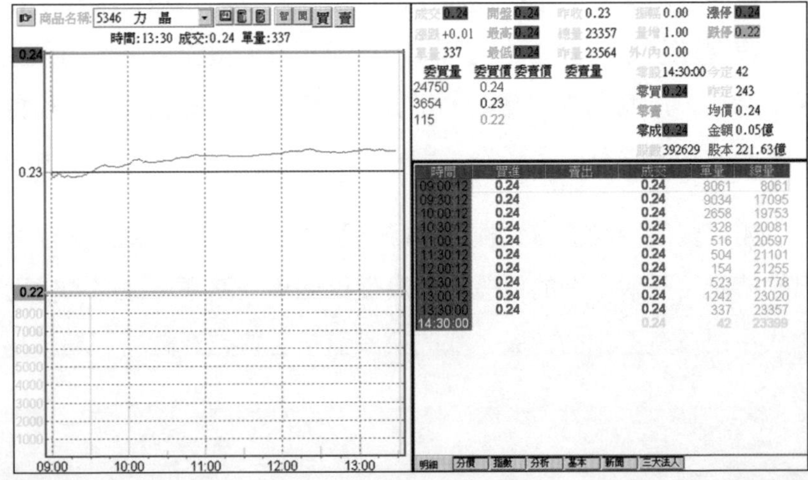

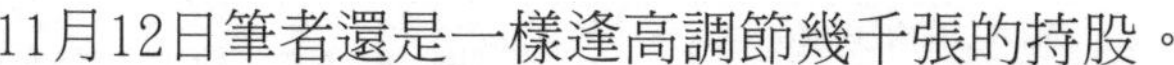

11月12日筆者還是一樣逢高調節幾千張的持股。

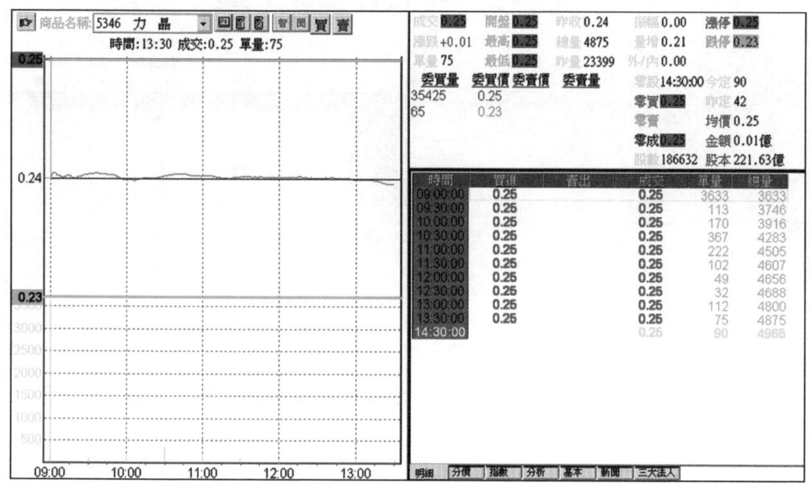

11月13我預估明日開盤漲停將會打開，而這幾天的隱藏性賣壓在漲停打開後也將會出來，此時我手中尚有數萬張之持股，如果明日再賣出，可能將賣不到好的價格，因此於當日漲停出了兩萬多張的持股。在漲停賣出了大半持股後，我手裡剩下的部分持股已幾乎是零成本了。筆者認為，如果股價跌下來，那麼我將可以再逢低回補持股，增加我的獲利；如果股價一路上漲，那麼我手裡的一萬多張持股也是獲利頗豐，怎麼想都是美好的。

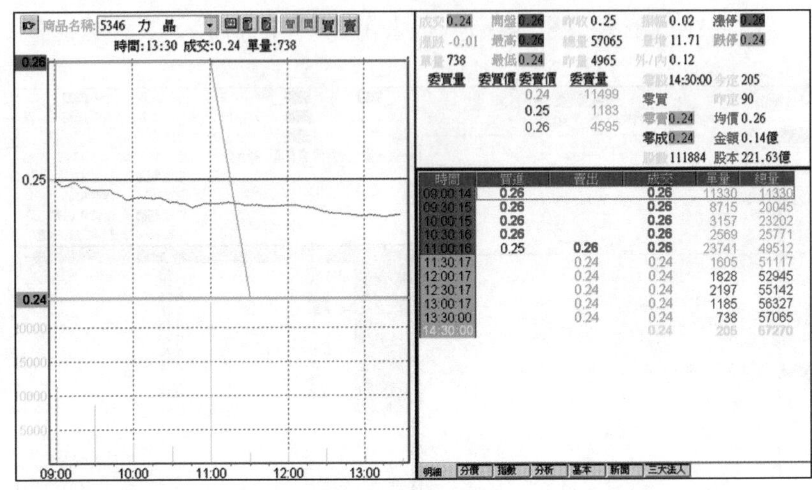

當日賣出後，下午3點正巧出現了以下這則新聞：

2012/11/13 下午 03：06：55

力晶：未考慮申請管理股票

收盤0.24元，爆逾5.7萬張。預計12月11日下櫃，發言人譚仲民表示，未考慮申請管理股票。

DRAM股力晶（5346）董事長黃崇仁請辭，由前經濟部長陳瑞隆接任，黃則續任執行長，在有向政府及銀行團紓困用意下，今帶動股價開盤再攻第五根漲停板，爆量逾5萬張，惟11點半後漲停打開反而重挫跌停，震盪劇烈。力晶因為淨值轉負，預計12月11日下櫃，惟12月1日前仍有最後機會，可申請管理股票，但力晶發言人譚仲民表示，「目前還未有此意願」。

該股今天開盤跳空漲停，值得注意的是，盤中量能放大，單筆有出現2.3萬張的大量，成交量爆出5萬張，11點半以後更打開漲停翻黑，重挫翻黑，震盪相當劇烈。

筆者在看了這則新聞後，認為因發言人已表明未考慮申請管理股票了，對於隔日的股價想必造成相當大的打擊，所幸我的投資習性是逢高出清，因此之後如果股價重挫，那麼也僅是少賺而已，畢竟目前手中的持股已經幾乎是零成本了。

隔日開盤力晶跌停鎖死，但我並不擔心，畢竟下市的公司即使沒有申請為股票，除了被掏空的公司之外，其它都還有一定的市場價值存在，絕對不會天天跌停至下市最後一天，依照我過去的統計，至少都還有1角多至3角左右的價值。

但筆者此時也沒打算等它下跌後再買回之前已出清的持股，畢竟該公司已無申請管理股票的打算了。相對的，我是打算等它跌停打開後，出清全部的持股，因為當初買進的原因——力晶將申請管理股票，已經消失了，所以已經沒必要再持有，再繼續持有就是跟它賭了，我從不去賭沒有把握的賭局。

11月19日盤中跌停終於打開，本來筆者打算當日出清手中的一萬多張持股，然而因為當初有些朋友跟著我買進力晶，高檔時來不及獲利出清，所以目前手中還有持股在。我為了避免當日出清持股將造成賣壓，因此先通知他們出清持股，自己手裡的股票則留到隔日再殺跌停全部出清，該股總計獲利100多萬元。

11月19日跌停打開。

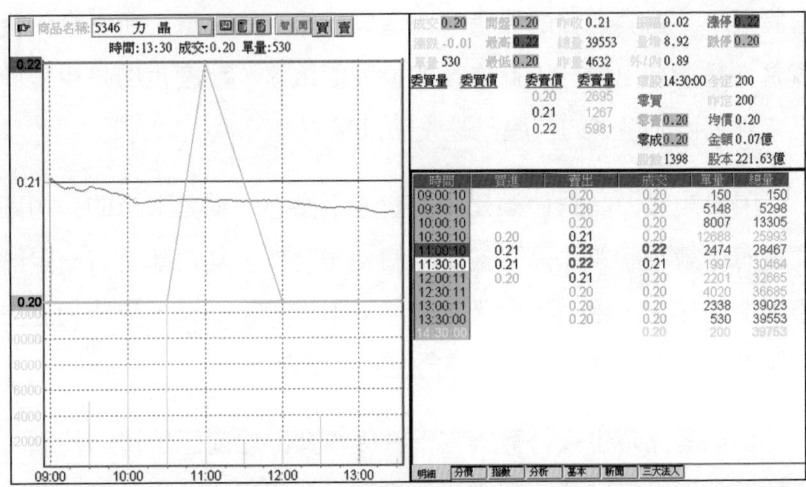

交易日期	類別	商品名稱	股數	成交價格	價金	手續費	交易稅	融資金額 融券擔保品	融資自備款 融券保證金	債息 利息	融券手續費 標借費用	證所稅 補保費	應收付金額
2012/11/08	現股賣出	5346 力 晶	300,000	0.23	69,000	16	207						68,777
2012/11/08	現股賣出	5346 力 晶	300,000	0.23	69,000	16	207						68,777
2012/11/08	現股賣出	5346 力 晶	300,000	0.23	69,000	16	207						68,777
2012/11/08	現股賣出	5346 力 晶	300,000	0.23	69,000	16	207						68,777
2012/11/08	現股賣出	5346 力 晶	300,000	0.23	69,000	16	207						68,777
2012/11/08	現股賣出	5346 力 晶	300,000	0.23	69,000	16	207						68,777
2012/11/08	現股賣出	5346 力 晶	300,000	0.23	69,000	16	207						68,777
2012/11/09	現股賣出	5346 力 晶	400,000	0.24	96,000	23	288						95,689
2012/11/09	現股賣出	5346 力 晶	400,000	0.24	96,000	23	288						95,689
2012/11/09	現股賣出	5346 力 晶	400,000	0.24	96,000	23	288						95,689
2012/11/09	現股賣出	5346 力 晶	400,000	0.24	96,000	23	288						95,689
2012/11/09	現股賣出	5346 力 晶	400,000	0.24	96,000	23	288						95,689
2012/11/09	現股賣出	5346 力 晶	400,000	0.24	96,000	23	288						95,689
2012/11/09	現股賣出	5346 力 晶	400,000	0.24	96,000	23	288						95,689
2012/11/09	現股賣出	5346 力 晶	400,000	0.24	96,000	23	288						95,689
2012/11/12	現股賣出	5346 力 晶	400,000	0.25	100,000	24	300						99,676
2012/11/12	現股賣出	5346 力 晶	400,000	0.25	100,000	24	300						99,676
2012/11/12	現股賣出	5346 力 晶	400,000	0.25	100,000	24	300						99,676
2012/11/12	現股賣出	5346 力 晶	400,000	0.25	100,000	24	300						99,676
2012/11/12	現股賣出	5346 力 晶	400,000	0.25	100,000	24	300						99,676
2012/11/12	現股賣出	5346 力 晶	400,000	0.25	100,000	24	300						99,676

交易日期	類別	商品名稱	股數	成交價格	價金	手續費	交易稅	融資金額 融券擔保品	融資自備款 融券保證金	債息 利息	融券手續費 標借費用	證所稅 補保費	應收付金額
2012/11/13	現股賣出	5346 力 晶	400,000	0.26	104,000	25	312						103,663
2012/11/13	現股賣出	5346 力 晶	400,000	0.26	104,000	25	312						103,663
2012/11/13	現股賣出	5346 力 晶	400,000	0.26	104,000	25	312						103,663
2012/11/13	現股賣出	5346 力 晶	400,000	0.26	104,000	25	312						103,663
2012/11/13	現股賣出	5346 力 晶	400,000	0.26	104,000	25	312						103,663
2012/11/13	現股賣出	5346 力 晶	400,000	0.26	104,000	25	312						103,663
2012/11/13	現股賣出	5346 力 晶	400,000	0.26	104,000	25	312						103,663
2012/11/13	現股賣出	5346 力 晶	400,000	0.26	104,000	25	312						103,663
2012/11/13	現股賣出	5346 力 晶	400,000	0.26	104,000	25	312						103,663
2012/11/13	現股賣出	5346 力 晶	400,000	0.26	104,000	25	312						103,663
2012/11/13	現股賣出	5346 力 晶	400,000	0.26	104,000	25	312						103,663
2012/11/13	現股賣出	5346 力 晶	400,000	0.26	104,000	25	312						103,663
2012/11/13	現股賣出	5346 力 晶	400,000	0.26	104,000	25	312						103,663
2012/11/13	現股賣出	5346 力 晶	400,000	0.26	104,000	25	312						103,663
2012/11/13	現股賣出	5346 力 晶	400,000	0.26	104,000	25	312						103,663
2012/11/13	現股賣出	5346 力 晶	400,000	0.26	104,000	25	312						103,663
2012/11/13	現股賣出	5346 力 晶	400,000	0.26	104,000	25	312						103,663
2012/11/13	現股賣出	5346 力 晶	400,000	0.26	104,000	25	312						103,663
2012/11/13	現股賣出	5346 力 晶	400,000	0.26	104,000	25	312						103,663
2012/11/13	現股賣出	5346 力 晶	400,000	0.26	104,000	25	312						103,663
2012/11/13	現股賣出	5346 力 晶	400,000	0.26	104,000	25	312						103,663

交易日期	類別	商品名稱	股數	成交價格	價金	手續費	交易稅	融資金額 融券擔保品	融資自備款 融券保證金	債息 利息	融券手續費 標借費用	證所稅 補保費	應收付金額
2012/11/13	現股賣出	5346 力 晶	400,000	0.26	104,000	25	312						103,663
2012/11/13	現股賣出	5346 力 晶	400,000	0.26	104,000	25	312						103,663
2012/11/13	現股賣出	5346 力 晶	400,000	0.26	104,000	25	312						103,663
2012/11/13	現股賣出	5346 力 晶	400,000	0.26	104,000	25	312						103,663
2012/11/13	現股賣出	5346 力 晶	400,000	0.26	104,000	25	312						103,663
2012/11/13	現股賣出	5346 力 晶	240,000	0.26	62,400	15	187						62,198
2012/11/13	現股賣出	5346 力 晶	400,000	0.26	104,000	25	312						103,663
2012/11/20	現股賣出	5346 力 晶	400,000	0.19	76,000	18	228						75,754
2012/11/20	現股賣出	5346 力 晶	400,000	0.19	76,000	18	228						75,754
2012/11/20	現股賣出	5346 力 晶	400,000	0.19	76,000	18	228						75,754
2012/11/20	現股賣出	5346 力 晶	387,000	0.19	73,530	17	220						73,293
2012/11/21	現股賣出	5346 力 晶	400,000	0.18	72,000	17	216						71,767
2012/11/21	現股賣出	5346 力 晶	400,000	0.18	72,000	17	216						71,767
2012/11/21	現股賣出	5346 力 晶	400,000	0.18	72,000	17	216						71,767
2012/11/21	現股賣出	5346 力 晶	400,000	0.18	72,000	17	216						71,767
2012/11/21	現股賣出	5346 力 晶	400,000	0.18	72,000	17	216						71,767
2012/11/21	現股賣出	5346 力 晶	400,000	0.18	72,000	17	216						71,767
2012/11/21	現股賣出	5346 力 晶	213,000	0.18	38,340	9	115						38,216
2012/11/21	現股賣出	5346 力 晶	400,000	0.18	72,000	17	216						71,767
2012/11/21	現股賣出	5346 力 晶	400,000	0.18	72,000	17	216						71,767
					8,029,270	1,921	24,087						8,003,262

筆者看好DRAM股的同時，也注意著南科與華亞科這兩檔股票，而這兩檔股票我是直接選擇華亞科而放棄南科，主要原因是因為第二季時南科的淨值僅剩下0.89元，而當時它第二季虧損約0.45元，第三季DRAM的報價又比第二季差，因此第三季的虧損也將比第二季多，此股將有下市之疑慮。當時9月中它的股價尚有2元左右，股價淨值比太糟糕了。

當然其大股東台塑集團為了避免它下市，會繼續給予私募增資以提升每股淨值，但大量私募增資的結果雖然能夠提升其淨值，但是卻也會造成股本的大量膨脹，股本將達數千億，比台積電等公司還要大！這樣一來，就算2013年DRAM景氣真的回春了，南科大賺1、200億，充其量EPS也僅是1元左右，所以未來可能將面臨大幅度的減資利空。

而華亞科則不同，9月中其淨值尚有5元左右，而當時股價也是5元上下，該公司股本僅500多億，這兩家公司一比較，當然選擇華亞科了。但是第二季財報公佈時，華亞科第二季虧損了0.58元，華亞科的每股淨值僅剩5.59元，距離5元岌岌可危，而第三季DRAM的報價又比第二季差許多，因此可以預估該股第三季虧損將大於第二季、淨值低於5元，將被打入全額交割股。

因此筆者雖想買，但還是在等待它最後的利空出現後再開始布局，也就是10月底第三季財報出來淨值低於5元、將被打入全額交割股後。2012年11月華亞科如預期的被打入全額交割股，連續跌停了數日，待其跌停打開時，筆者所擔心的利空已出盡後，於11月7日開盤買進了300張2.8元。

出手前筆者習慣會先預設好最壞的情況和自己能忍受之最大虧損金額，像華亞科這檔股票，我出手前已先想過了最大的買進極限就是300萬元。既然看好它的景氣是循環的，所以就該分批買進，故於2.8元買進300張時，也預設好了每下跌0.5元就逢低買進300張，因此於2.3元時再加碼了300張。

至於下跌的加碼區間則是要看股性了，如果波動很大的股票，那麼區間就設大一點，如華亞科從上圖可看出波動極大，故筆者區間就設大一些，0.5元差不多，約兩支的跌停左右。當然如果波動小的股票，那麼相對的區間就不需設這麼大了。

就這樣到了11月30日這天，該股出現了很奇特的徵兆，平日本來約7、8000張的成交量，到了12點過後，突然出現了許多買單與賣單，也因此成交量一直異常的擴增。該股從11月初被打入交割股後的下跌，主要賣出方皆是外資，主因是華亞科被打入全額交割股後，遭外資剔除部分成分股之外，也因此外資必須要賣出，故當日盤中可推論賣方主要為外資。這些外資可能買在2、30元的價格，而在現在2元初的時後大量殺出，那麼可想而知，當最大的散戶（外資）大量的殺出時，股價焉能不漲呢？而異常的買方當然不是一般的散戶了！

筆者的朋友在外資圈上班，時常看到外資的研究報告，過去幾年外資皆看好DRAM股之前景，而在2012年10月的報告，卻看空2013年DRAM產業，這又更加深了我對DRAM股的信心了。並且根據筆者過去幾年的統計，長期下跌的走勢當出現了異常的巨量，那麼該日將為波段之低點。

當然我指的絕不是連續跌停的打開，因為連續跌停打開後本來就會出現大量，這是很正常的現象，有關這方面的深入探討，歡迎參考拙作《股市提款卡》，在此就不贅述了。因此筆者在當日盤中提早買齊原本打算買進的金額，當日共買進了900張。

盤後查看外資進出表，果然大賣了5萬3000多張，佔該日成交量的一半以上。

成交日	買...	代碼	股票名	成交價	成交股數	成交金額	手續費	交易稅	淨收付
20121130	普買	3474	華亞科	2.20	80,000	176,000	251	0	-176,251
20121130	普買	3474	華亞科	2.23	50,000	111,500	159	0	-111,659
20121130	普買	3474	華亞科	2.23	50,000	111,500	159	0	-111,659
20121130	普買	3474	華亞科	2.23	33,000	73,590	105	0	-73,695
20121130	普買	3474	華亞科	2.25	50,000	112,500	160	0	-112,660
20121130	普買	3474	華亞科	2.25	49,000	110,250	157	0	-110,407
20121130	普買	3474	華亞科	2.22	31,000	68,820	98	0	-68,918
20121130	普買	3474	華亞科	2.24	38,000	85,120	121	0	-85,241
20121130	普買	3474	華亞科	2.21	3,000	6,630	20	0	-6,650
20121130	普買	3474	華亞科	2.22	69,000	153,180	218	0	-153,398
20121130	普買	3474	華亞科	2.17	100,000	217,000	309	0	-217,309
20121130	普買	3474	華亞科	2.17	100,000	217,000	309	0	-217,309
20121130	普買	3474	華亞科	2.21	100,000	221,000	315	0	-221,315
20121130	普買	3474	華亞科	2.21	100,000	221,000	315	0	-221,315
20121130	普買	3474	華亞科	2.18	200,000	436,000	621	0	-436,621
20121130	普買	3474	華亞科	2.18	200,000	436,000	621	0	-436,621
20121130	普賣	3474	華亞科	2.28	11,000	25,080	36	75	24,969
20121130	普賣	3474	華亞科	2.27	34,000	77,180	110	231	76,839
20121130	普賣	3474	華亞科	2.29	19,000	43,510	62	130	43,318
20121130	普賣	3474	華亞科	2.28	39,000	88,920	127	266	88,527
20121130	普賣	3474	華亞科	2.29	50,000	114,500	163	343	113,994
20121130	普賣	3474	華亞科	2.25	72,000	162,000	231	486	161,283
20121130	普賣	3474	華亞科	2.24	50,000	112,000	160	336	111,504
20121130	普賣	3474	華亞科	2.23	78,000	173,940	248	521	173,171
總買進					1,253,000	2,757,090	3,938	0	-2,761,028
總賣出					353,000	797,130	1,137	2,388	793,605
總 計					1,606,000	3,554,220	5,075	2,388	-1,967,423

筆者當日買進1253張，而拉高時賣出353張，順便做個當沖，賺點差價。

我本來的計畫是從2.8元開始，每下跌0.5元就加碼300張，共計1500張的額度，11月30日時本來已買進了600張，尚有900張之加碼額度，但因為這天突然出現了明顯的起漲訊號，故筆者暫時加碼買足了剩下的900張。

每次出手時我都會先作好最壞的打算，假如事與願違、走勢並不如預期，那麼我後來臨時加碼的這900張將於跌破前波低1.97時停損。**每個人能夠忍受的虧損都不同，但在出手前一定要先想後最壞的情況，「未思勝，先慮敗」，如此就算走勢不如己意時也才不會亂了方寸。**

說起來真的很神奇，在所謂的外資大幅度的出貨後，該股就像之前的力晶一樣，連續漲停了數天。

外資，您又殺在最低點了！

所以股票常常買了就跌、賣了就漲的朋友們不要傷心難過，想想人家外資還不是一樣過得好好的。

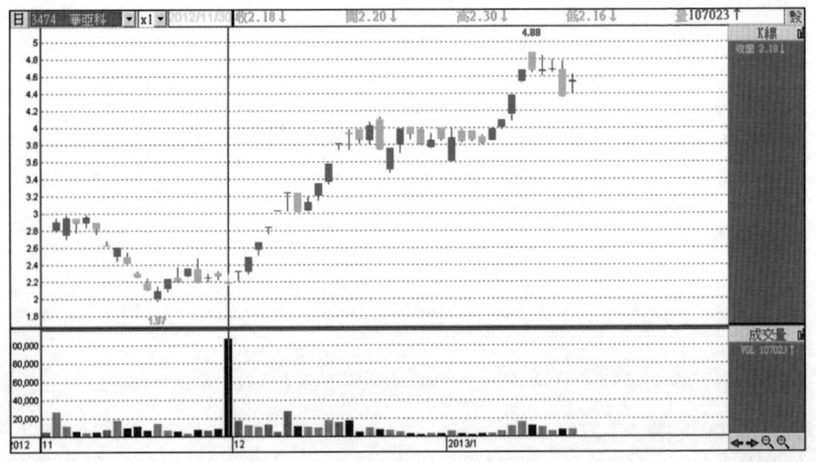

在漲了不少後，筆者也陸續逢高出清持股，如果股價有大幅度的回檔，我就可將之前賣出的持股用更低的價格再買回一些，

但如果股價續漲，往好的方面想，我手中的部位將會獲利越多。

因此我秉持的原則就是逢高分批一路出清，而平常高出低進等操作如下圖。

成交...	買...	代碼	股票名	成...	成交股數	成交金額	手續費	交易稅	淨收付
20121...	普買	3474	華亞科	3.11	50,000	155,500	222	0	-155,722
20121...	普買	3474	華亞科	3.16	50,000	158,000	225	0	-158,225
20121...	普買	3474	華亞科	3.16	50,000	158,000	225	0	-158,225
20121...	普買	3474	華亞科	3.06	50,000	153,000	218	0	-153,218
20121...	普買	3474	華亞科	3.04	18,000	54,720	78	0	-54,798
20121...	普賣	3474	華亞科	3.14	50,000	157,000	224	471	156,305
20121...	普賣	3474	華亞科	3.24	50,000	162,000	231	486	161,283
20121...	普賣	3474	華亞科	3.24	50,000	162,000	231	486	161,283
20121...	普賣	3474	華亞科	3.24	50,000	162,000	231	486	161,283
20121...	普賣	3474	華亞科	3.24	450,000	1,458,000	2,078	4,374	1,451,548
20121...	普賣	3474	華亞科	3.24	450,000	1,458,000	2,078	4,374	1,451,548
20121...	普買	3474	華亞科	3.14	4,000	12,560	17	0	-12,577
20121...	普買	3474	華亞科	3.11	46,000	143,060	205	0	-143,265
20121...	普買	3474	華亞科	3.11	50,000	155,500	222	0	-155,722
總買進					318,000	990,340	1,412	0	-991,752
總賣出					1,100,000	3,559,000	5,073	10,677	3,543,250
總　計					1,418,000	4,549,340	6,485	10,677	2,551,498

如上圖所示當日3.24賣出1000張，而於低檔3.11再買進318張，當日淨賣出600多張，如果股價之後有再跌，那麼就可以再買回一部分，如果股價續漲，那麼手中尚有數百張的持股將獲利更多。

投資人最大的一個毛病就是抱不牢飆股，當你買的股票漲了一些，就會想賣出了。但筆者採取的這個方法：逢高一路慢慢出清，有拉回再回補之前出清的一部分，因此華亞科一路上漲的過程，我手中剩下的部位反而因賣出的獲利不斷增加而成本越來越低，在成本與目前股價差距甚遠的情況下，就不會因為風吹草動而想要賣出。

故當華亞科從2塊漲到4塊錢時，我手中最後剩餘的3、400張華亞科都已經是零成本了，即使華亞科之後跌到0元，手中的持股還是賠不到錢，也因為成本越低就能夠抱得越牢，遂一直持續抱到4.8元左右才全部出清持股。

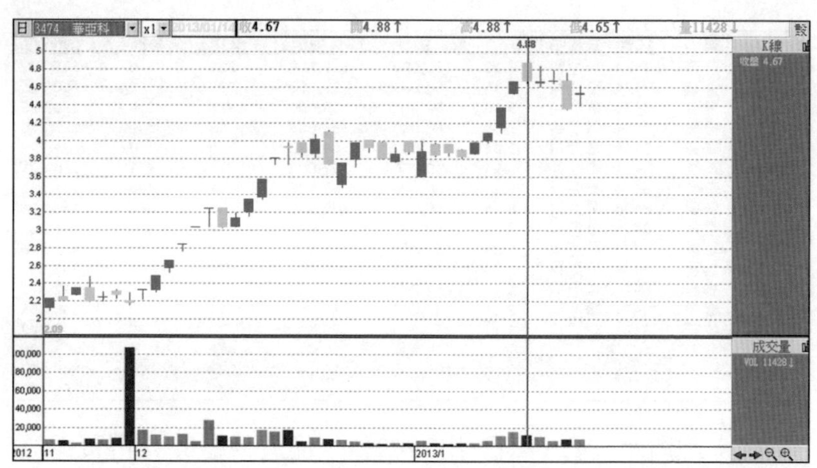

成交...	買...	代碼	股票名	成...	成交股數	成交金額	手續費	交易稅	淨收付	融資金額/擔保...
20130...	普賣	3474	華亞科	4.88	50,000	244,000	348	732	242,920	0
20130...	普賣	3474	華亞科	4.84	38,000	183,920	262	551	183,107	0
20130...	普賣	3474	華亞科	4.80	50,000	240,000	342	720	238,938	0
20130...	普賣	3474	華亞科	4.76	25,000	119,000	170	357	118,473	0
20130...	普賣	3474	華亞科	4.80	12,000	57,600	82	172	57,346	0
20130...	普賣	3474	華亞科	4.77	25,000	119,250	170	357	118,723	0
20130...	普賣	3474	華亞科	4.88	50,000	244,000	348	732	242,920	0
20130...	普賣	3474	華亞科	4.78	25,000	119,500	170	358	118,972	0
20130...	普賣	3474	華亞科	4.78	10,000	47,800	68	143	47,589	0
20130...	普賣	3474	華亞科	4.79	15,000	71,850	102	215	71,533	0
總買進					0	0	0	0	0	0
總賣出					300,000	1,446,920	2,062	4,337	1,440,521	0
總 計					300,000	1,446,920	2,062	4,337	1,440,521	0

投資總額	28,115,902.00	已實現投資損益	$1,743,626	報酬率	6.2%

若不計手續費折讓，光此檔股票就讓筆者獲利了170餘萬。

我雖然極力看好2013年的DRAM景氣，但卻在4.8元左右全部出清了華亞科，之所以全部出清，理由是因為華亞科已從2元左右漲到了4.8元，漲了不少，如果我看錯了DRAM的景氣，只是曇花一現，那麼華亞科是否有可能再跌回至2元呢？所以在已經漲不少的情況下，我應該選擇較保守的投資，何謂較保守的投資呢？

筆者選擇了商丞（8277），該公司主要是做DRAM模組的，也就是華亞科的下游。當然DRAM模組的公司有許多家，我則是選擇DRAM佔的比重最高且股價漲得較少的商丞。商丞股價從最低點開始算，約從10元漲到14塊多，漲幅約四成多，這和華亞科從2元漲到4.8元相比，漲幅明顯小多了。如果DRAM景氣僅是曇花一現，那麼頂多股價讓它跌回起漲點，跌幅相對也小多了；但如果2013年DRAM景氣真的不錯，筆者觀察2009年DRAM景氣不錯時，商丞也曾每股獲利10幾元，股價也是漲到100多元的！我剩餘的300張華亞科於4.8元出清後，轉進商丞14塊多100張，至少進可攻、退可守。更何況2013年年初DRAM報價漲了不少的情況下，第一季的DRAM模組將受惠低價庫存，第一季的財報是值得期待的。

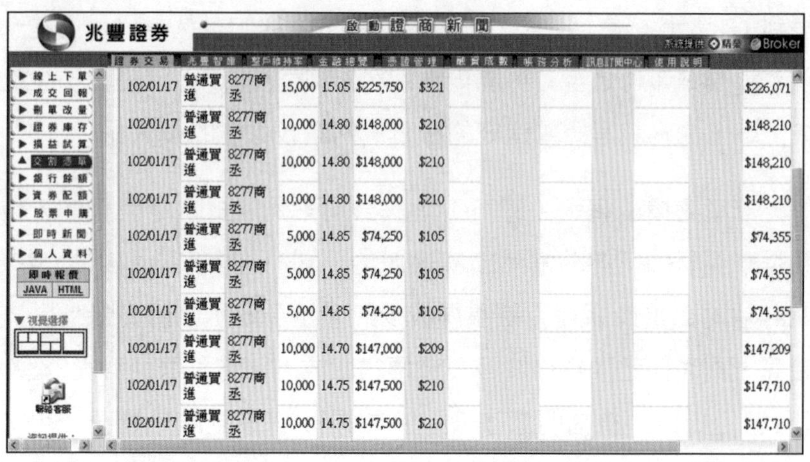

102/01/17	普通買進	8277商丞	15,000	15.05	$225,750	$321	$226,071
102/01/17	普通買進	8277商丞	10,000	14.80	$148,000	$210	$148,210
102/01/17	普通買進	8277商丞	10,000	14.80	$148,000	$210	$148,210
102/01/17	普通買進	8277商丞	10,000	14.80	$148,000	$210	$148,210
102/01/17	普通買進	8277商丞	5,000	14.85	$74,250	$105	$74,355
102/01/17	普通買進	8277商丞	5,000	14.85	$74,250	$105	$74,355
102/01/17	普通買進	8277商丞	5,000	14.85	$74,250	$105	$74,355
102/01/17	普通買進	8277商丞	10,000	14.70	$147,000	$209	$147,209
102/01/17	普通買進	8277商丞	10,000	14.75	$147,500	$210	$147,710
102/01/17	普通買進	8277商丞	10,000	14.75	$147,500	$210	$147,710

商丞14塊多買進100張。

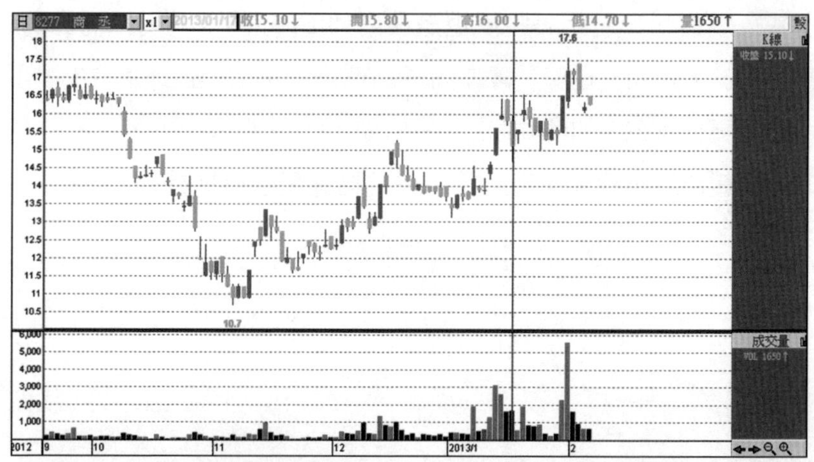

之後商丞有拉高再逢高慢慢賣出。

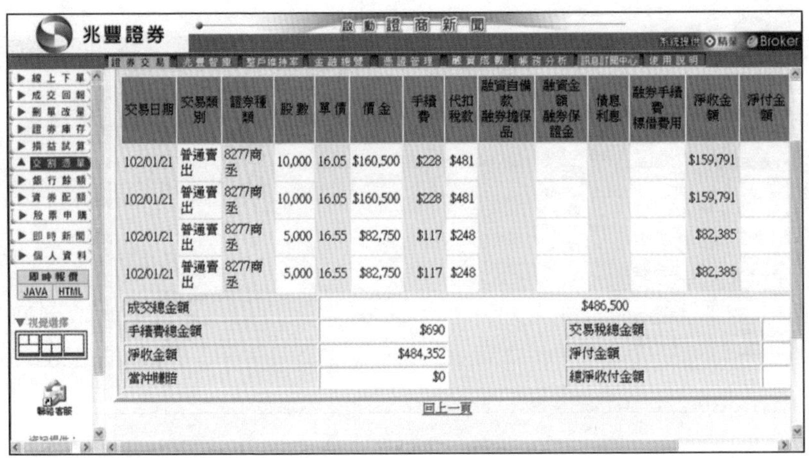

交易日期	交易類別	證券種類	股數	單價	價金	手續費	代扣稅款	融資自備款 融券擔保品	融資金額 融券保證金	債息利息	融券手續費 標借費用	淨收金額	淨付金額
102/01/21	普通賣出	8277商丞	10,000	16.05	$160,500	$228	$481					$159,791	
102/01/21	普通賣出	8277商丞	10,000	16.05	$160,500	$228	$481					$159,791	
102/01/21	普通賣出	8277商丞	5,000	16.55	$82,750	$117	$248					$82,385	
102/01/21	普通賣出	8277商丞	5,000	16.55	$82,750	$117	$248					$82,385	

成交總金額	$486,500		
手續費總金額	$690	交易稅總金額	
淨收金額	$484,352	淨付金額	
當沖賺賠	$0	總淨收付金額	

拉回再低價買進。

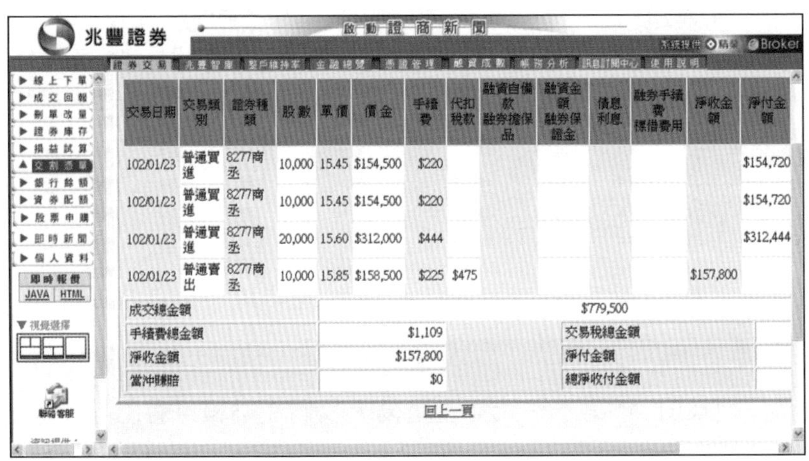

交易日期	交易類別	證券種類	股數	單價	價金	手續費	代扣稅款	融資自備款 融券擔保品	融資金額 融券保證金	債息利息	融券手續費 標借費用	淨收金額	淨付金額
102/01/23	普通買進	8277商丞	10,000	15.45	$154,500	$220							$154,720
102/01/23	普通買進	8277商丞	10,000	15.45	$154,500	$220							$154,720
102/01/23	普通買進	8277商丞	20,000	15.60	$312,000	$444							$312,444
102/01/23	普通賣出	8277商丞	10,000	15.85	$158,500	$225	$475					$157,800	

成交總金額	$779,500		
手續費總金額	$1,109	交易稅總金額	
淨收金額	$157,800	淨付金額	
當沖賺賠	$0	總淨收付金額	

之後逢高再慢慢賣出等，來回數次如此操作。

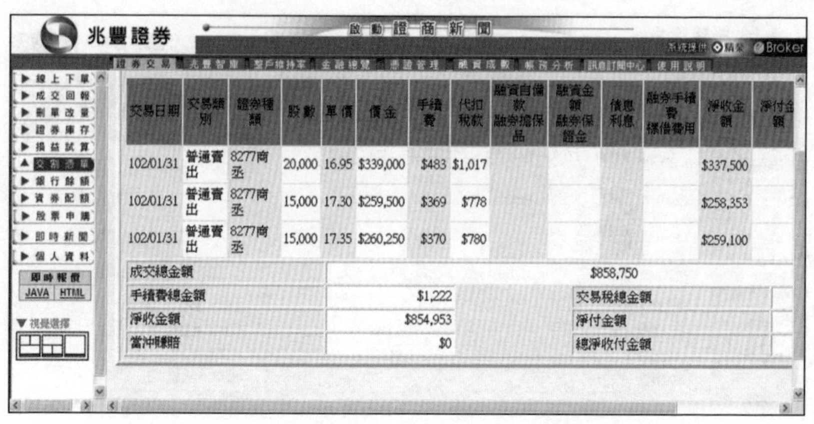

兆豐證券　啟動證商新聞　系統提供 精業 Broker

證券交易　兆豐智庫　客戶維持率　金融總覽　憑證管理　融資成數　帳務分析　訊息訂閱中心　使用說明

▶線上下單　▶成交回報　▶刪單改量　▶證券庫存　▶損益試算　▲交割憑單　▶銀行餘額　▶資券配額　▶股票申購　▶即時新聞　▶個人資料　即時報價 JAVA HTML　▼視窗選擇

交易日期	交易類別	證券種類	股數	單價	價金	手續費	代扣稅款	融資自備款 融券擔保品	融資金額 融券保證金	債息利息	融券手續費 標借費用	淨收金額	淨付金額
102/01/31	普通賣出	8277商丞	20,000	16.95	$339,000	$483	$1,017					$337,500	
102/01/31	普通賣出	8277商丞	15,000	17.30	$259,500	$369	$778					$258,353	
102/01/31	普通賣出	8277商丞	15,000	17.35	$260,250	$370	$780					$259,100	

成交總金額	$858,750		
手續費總金額	$1,222	交易稅總金額	
淨收金額	$854,953	淨付金額	
當沖補賠	$0	總淨收付金額	

短短不到一個月的時間，股價並無明顯波動，已實現的損益就有20萬元了。

已實現投資總額	已實現投資損益	報酬率
3,784,572	203,918	5.39 %

成交日期	股票名稱/代碼	交易別	成交股數	買進總成本	賣出總金額	損益	報酬率	明細	調整
2013/01/18	商丞 8277	現賣	10,000	150,714	153,817	3,103	2.06%	明細	調整
2013/01/18	商丞 8277	現賣	9,000	136,243	138,884	2,641	1.94%	明細	調整
2013/01/18	商丞 8277	現賣	11,000	165,435	169,199	3,764	2.28%	明細	調整
2013/01/21	商丞 8277	現賣	10,000	148,210	159,791	11,581	7.81%	明細	調整
2013/01/21	商丞 8277	現賣	10,000	148,210	159,791	11,581	7.81%	明細	調整
2013/01/21	商丞 8277	現賣	5,000	74,105	82,385	8,280	11.17%	明細	調整
2013/01/21	商丞	現賣	5,000	74,355	82,385	8,030	10.80%	明細	調整

筆者再以另一檔操作來說明，以彩晶（6116）為例：

該股2012年第三季減資登記後，我們從財報可看出該股淨值已經回升至9塊多，因其為上市公司，只需連續兩季財報之淨值大於5元即可恢復成普通交易。也因此我預估第四季的財報繳交後即可恢復普通交易。

2012年的第四季財報為2013年的3月底前繳交，也因此通常我會提早1～2個月布局，但是又正逢年底年初主漲低價投機股，2塊多的彩晶也算是低價股之一，而低價股通常起漲的時間點大多於年底年初，因其挾持著雙重之利多（1.低價股；2.恢復普通交易），故筆者打算2012年的11月初開始布局買進。這時可能有讀者有疑問：為何不在更早，約8月、9月即布局呢？筆者當時認為其9月多時有股價減資，而大部分個股減資後，股價都會向下修正一番，因此應該要等減資股價修正後，再進場布局才會是較剛好的進場時機點。

成交日	買...	代碼	股票名	成交價	成交股數	成交金額	手續費	交易稅	淨收付
20121112	普買	6116	彩晶	2.43	30,000	72,900	104	0	-73,004
20121112	普買	6116	彩晶	2.43	30,000	72,900	104	0	-73,004
20121112	普買	6116	彩晶	2.43	30,000	72,900	104	0	-73,004
20121112	普買	6116	彩晶	2.43	30,000	72,900	104	0	-73,004
20121112	普買	6116	彩晶	2.43	30,000	72,900	104	0	-73,004
20121112	普買	6116	彩晶	2.42	40,000	96,800	138	0	-96,938
20121112	普買	6116	彩晶	2.43	30,000	72,900	104	0	-73,004
20121112	普買	6116	彩晶	2.42	47,000	113,740	162	0	-113,902
20121112	普買	6116	彩晶	2.43	24,000	58,320	83	0	-58,403
20121112	普買	6116	彩晶	2.43	10,000	24,300	35	0	-24,335
20121112	普買	6116	彩晶	2.44	6,000	14,640	21	0	-14,661
20121119	普買	6116	彩晶	2.33	50,000	116,500	166	0	-116,666
20121119	普買	6116	彩晶	2.33	50,000	116,500	166	0	-116,666
20121119	普買	6116	彩晶	2.33	50,000	116,500	166	0	-116,666
20121121	普買	6116	彩晶	2.31	43,000	99,330	142	0	-99,472
20121122	普買	6116	彩晶	2.24	100,000	224,000	319	0	-224,319
20121123	普買	6116	彩晶	2.22	100,000	222,000	316	0	-222,316
20121123	普買	6116	彩晶	2.22	50,000	111,000	158	0	-111,158
20121126	普買	6116	彩晶	2.23	100,000	223,000	318	0	-223,318
總買進					850,000	1,974,030	2,814	0	-1,976,844
總賣出					0	0	0	0	0
總　計					850,000	1,974,030	2,814	0	-1,976,844

從上圖對帳單可看出我是分批買進，越跌越買，買進了約850張之彩晶。基本上若是全額交割股的話，我習慣從群益證券買進，因可網路下單較方便。

從下圖可看出彩晶開始上漲後即逢高賣出部分持股：

成交日	買...	代碼	股票名	成交價	成交股數	成交金額	手續費	交易稅	淨收付
20121205	普賣	6116	彩晶	2.67	1,000	2,670	3	8	2,659
20121205	普賣	6116	彩晶	2.71	50,000	135,500	193	406	134,901
20121205	普賣	6116	彩晶	2.69	50,000	134,500	192	403	133,905
20121205	普賣	6116	彩晶	2.66	49,000	130,340	187	391	129,762
20121206	普賣	6116	彩晶	2.98	50,000	149,000	212	447	148,341
20121206	普賣	6116	彩晶	2.98	25,000	74,500	106	223	74,171
20121207	普賣	6116	彩晶	3.04	1,000	3,040	4	9	3,027
20121207	普賣	6116	彩晶	3.09	75,000	231,750	330	695	230,725
20121207	普賣	6116	彩晶	3.08	9,000	27,720	40	83	27,597
20121207	普賣	6116	彩晶	3.03	20,000	60,600	86	181	60,333
20121207	普賣	6116	彩晶	3.04	20,000	60,800	87	182	60,531
20121207	普賣	6116	彩晶	3.03	6,000	18,180	25	54	18,101
20121207	普賣	6116	彩晶	3.04	4,000	12,160	18	36	12,106
20121207	普賣	6116	彩晶	3.02	20,000	60,400	86	181	60,133
20121207	普賣	6116	彩晶	2.96	27,000	79,920	114	239	79,567
20121207	普賣	6116	彩晶	3.05	15,000	45,750	65	137	45,548
20121207	普賣	6116	彩晶	3.04	15,000	45,600	65	136	45,399
20121207	普賣	6116	彩晶	3.05	20,000	61,000	87	183	60,730
20121207	普賣	6116	彩晶	3.04	20,000	60,800	87	182	60,531
20121207	普賣	6116	彩晶	3.02	20,000	60,400	86	181	60,133
20121207	普賣	6116	彩晶	3.03	9,000	27,270	39	81	27,150
20121207	普賣	6116	彩晶	3.00	21,000	63,000	90	189	62,721
20121207	普賣	6116	彩晶	2.99	3,000	8,970	20	26	8,924
20121207	普賣	6116	彩晶	2.98	20,000	59,600	85	178	59,337
總買進					0	0	0	0	0
總賣出					550,000	1,613,470	2,307	4,831	1,606,332
總 計					550,000	1,613,470	2,307	4,831	1,606,332

之後股價如有回檔低於當初賣出的價格，那麼就再逢低買回一部分；股價後續如有再上漲，那麼就再賣出，但基本上至少會留下一部分的股票，一直放到當初買進的原因消失後才會全部賣出，也就是4月初恢復普通交易時。如該股在4月初恢復普通交易前已經漲了不少，那麼筆者的持股將會逢高越賣越多，而到恢復普通交易時，可能已僅剩不多了。當然，如果當時股價漲得並不多，那麼我目前手中的幾百張持股將會續抱至恢復普通交易後。

關於停損方面，當初我買進這檔時，並沒有設所謂的跌至多少錢就該停損，而純粹**一切皆等到買進的原因消失後就該停損**，也因此買進後有續跌，那麼筆者就會分批加碼買進，同時如有獲利，就會逢高分批先行賣出。之後拉回再買進，拉高再賣出。

而該檔買進的主要原因則是恢復普通交易。

成交日	買...	代碼	股票名	成交價	成交股數	成交金額	手續費	交易稅	淨收付
20121211	普買	6116	彩晶	2.85	50,000	142,500	203	0	-142,703
20121211	普買	6116	彩晶	2.84	50,000	142,000	202	0	-142,202
20121218	普賣	6116	彩晶	3.42	50,000	171,000	244	513	170,243
20121219	普賣	6116	彩晶	3.38	50,000	169,000	241	507	168,252
總買進					100,000	284,500	405	0	-284,905
總賣出					100,000	340,000	485	1,020	338,495
總 計					200,000	624,500	890	1,020	53,590

如此來回操作，在尚未公佈財報恢復普通交易前，已獲利已經有六十幾萬了。也因此剩下的200張持股幾乎是0成本，假使之後彩晶大跌，那麼也不會賠到本了。

投資總額	3,135,713.00	已實現投資損益	$613,792	報酬率	19.6%

成交日期	股票名稱	交易類別	成交股數	成交價格	損益	報酬率	備註	詳細
101/12/04	6116彩晶	普通	50,000	2.48	2,331	1.9%		+
101/12/04	6116彩晶	普通	25,000	2.48	889	1.5%		+
101/12/04	6116彩晶	普通	25,000	2.48	889	1.5%		+
101/12/04	6116彩晶	普通	25,000	2.49	1,138	1.9%		+
101/12/04	6116彩晶	普通	50,000	2.60	7,752	6.4%		+
101/12/04	6116彩晶	普通	50,000	2.61	8,022	6.6%		+
101/12/04	6116彩晶	普通	25,000	2.49	1,208	2.0%		+
101/12/04	6116彩晶	普通	50,000	2.55	5,533	4.6%		+
101/12/05	6116彩晶	普通	50,000	2.69	16,538	14.1%		+
101/12/05	6116彩晶	普通	50,000	2.66	15,755	13.5%		+

從20萬到6000萬

的操盤之路

第十章
低風險高報酬

所謂的可轉換公司債，簡單講就是公司發行了債券，面額皆為100元，意即每張10萬元。分為有擔保與無擔保，所謂的有擔保表示如果債券到期該公司無法償還此債務，那麼其擔保銀行須代為償還給債券持有人。而無擔保則是純粹依靠該公司之信用發行，假如到期時公司倒閉等無力償還，那麼只能跟公司債務協商了，一般除非是惡意遭掏空的公司，不然最終的結果通常可拿回約3～6折之金額，但至少比買進該公司之股票的投資人好多了，如果公司倒閉，那麼買股票的股東幾乎是血本無歸的。

可轉換公司債發行時該公司會公告一個所謂的轉換價格，我們可以至公開資訊觀測站裡點選債券→綜合資料查詢→債券發行資訊查詢→最近三個月現況查詢，去查到相關的資料。

例如以農林二（29132）為例，農林二即為農林這家公司發行的第二次可轉換公司債，從下圖債券代號兩邊皆輸入29132即可查詢。

公開資訊觀測站

資訊項目 | 個股(精華版2.0) | 重大訊息

基本資料 彙總報表 股東會及股利 公司治理 財務報表 重大訊息與公告 營運概況 投資專區 認購(售)權證 債券 資產證券化

債券
綜合資料查詢
債券發行資訊查詢
最近三個月現況查詢
歷史資料查詢（未含最近三個月資料）
債券訊息市場公告
債券相關彙總報表查詢
政府債券
普通公司債
金融債券
轉(交)換公司債與附認股權公司債
外國債券
國際債券
分割債券
公告
債券法規查詢

最近三個月現況查詢

債券發行資訊查詢

查詢欄位使用說明與範例

市場別：全部

1.依債券代號查詢：29132 ~ 29132
2.依發行公司代號查詢：
3.依發行公司名稱查詢：(輸入關鍵字即可帶出可供點選之公司名稱)
4.依發行日期查詢：民國 年 月 日~民國 年 月 日
5.依到期日期查詢：民國 年 月 日~民國 年 月 日
6.依承銷商(財務顧問)查詢：(輸入關鍵字即可帶出可供點選之承銷商(財務顧問))
7.票面利率：○固定 ○浮動 利率範圍 % ~ %
8.債券特殊發行條件： 9.債券發行順位：全部情形

進入後點選「債券代號29132」，再選擇「債券基本資料」即可得該公司債發行之詳細基本資料。

本月底發行餘額：193,500,000元	
是否依約定按時還本：是，處理情形：	
違約金額：0　處理結果：	
發行面額：100,000元	發行張數：7,500張
發行價格：100元（以佰元價表示。佰元價＝發行價格／發行面額 * 100）	
票面利率：0.0000%	債息基準日：0000
發行時轉(交)換價格：17.8000元	轉換溢價率：101.7200 %
轉(交)換期間：100/06/27～103/05/16	
最新轉(交)換價格：17.5000元	最近轉(交)換價格生效日期：101/07/25
債息對照表內容：	
擔保情形：無，第一順位	
還本敘述：到期一次還本	
債券賣回權條件：滿2年為債券面額之102.01%	
賣回權收益率：1.0000%	
債券買回權條件：依發行及轉換辦法第十七條	
買回權收益率：0.0000%	
下一次賣回權日期：102/05/26	下一次賣回權價格：102.0100%

從圖中可看出農林二為無擔保轉換公司債，下一次賣回權價格為102.01，賣回日期為102年5月26日，這就表示債權的持有人可以在102年5月26日這天強制賣給農林公司102.01元。

而圖中的最新轉換價格17.5元，表示債券持有人可以用票面金額100元，將債券以17.5元的價格轉換成5.714張的股票，（100／17.5＝5.714），申請轉換後約5個工作天即可收到股票。

也因此如果我們是債券持有人，假設農林股票漲到17.5元以上，那麼此時將債券轉換成股票就划算了，股價漲得越多，我們則獲利越多；相對的，如果農林股價下跌，但並未在17.5元以上，那麼我們轉換成股票到市場上賣出則相對不划算，但投資人可以放到102年5月26日時，賣回給農林公司102.01元，賺取利息。

例如2012年12月22日時，當時農林二股價約100.55元左右，當時的農林股價約15.4左右，如果買進一張農林二100.55元，因轉換價為17.5元，每張農林二可轉換的股票張數為100／17.5＝5.714張，因此當農林漲超過17.5元時，我買的農林二也就會開始跟著等幅度上漲，但如果農林沒漲或甚至下跌，我也可以選擇留著賺利息。買進價100.55元不到半年的時間即可賣回在102.01元，這樣的年化報酬率也是近3%的，可說是進可攻退可守。

當然投資無擔保可轉債最大的風險則是到期前該公司有倒閉之虞。就筆者的觀察，我們可從兩方面著手研究：

1. 這筆債之金額多寡

農林這筆可轉債於101年5月可賣回給公司，當初發行時金額為7億5千萬，但之後因債券持有人陸續有轉換成股票，故目前流通在外之金額從上圖本月底發行餘額可知，僅剩1億9千3百50萬元。而農林之股本為60幾億，這麼大的公司要去處理1億多之債務，理論上對該公司而言這筆債務並不大。

2. 公司的資金狀況

我們查詢過去歷史資料，可以發現該公司的新聞。

農林私募5000萬股、每股18元，增資基準日11/16

（101/11/05 16:20:05）

（2913）農林-公告本公司董事會決議私募普通股定價日、私募價格及增資基準日等相關事宜

1. 董事會決議日期：101/11/05
2. 私募有價證券種類：普通股
3. 私募對象及其與公司間關係：無
4. 私募股數或張數：50,000,000股

因此2012年11月將可收到9億元之現金收入。另外公司2012年陸續也處分了一些閒置土地，收到不少的現金，且該公司最近幾個月並無重大投資案，因此該公司帳上資金上並無匱乏之虞。

再則該公司之不動產數量非常龐大，共有約有3600公頃不動

產，佔台灣1／1000的土地。也因此筆者認為到2012年5月前，公司絕對不可能有倒閉之虞，故12月多時買進可轉換公司債，雖然其為無擔保公司債，但其實跟存銀行是一樣安全的，而且年利率卻高達3%，且進可攻而退可守。

我以閒置資金買進100.6元左右之農林可轉債5百萬後，不久農林二即上漲至101.5～101.95，本來我預定放至5月可賣回給公司102.01元，但在1月時即可提前收到，所以就賣出持股，再尋找更好的投資標的。畢竟在1月時29132已漲至102元了，之後如果農林股票續漲，那麼我的可轉債將會獲利更多，但相對的，如果農林股價下跌，那麼我就只能放到5月時賣回給公司102.1元，這樣雖然也沒損失，但就我而言，也損失了1月到5月這幾個月的資金成本，因此我不願跟它賭農林會不會漲，因為賠了有可能會傷到資金成本。簡而言之，筆者只投資穩賺的！然而在股票市場中，只要你用心，其實處處皆是穩賺的標的。

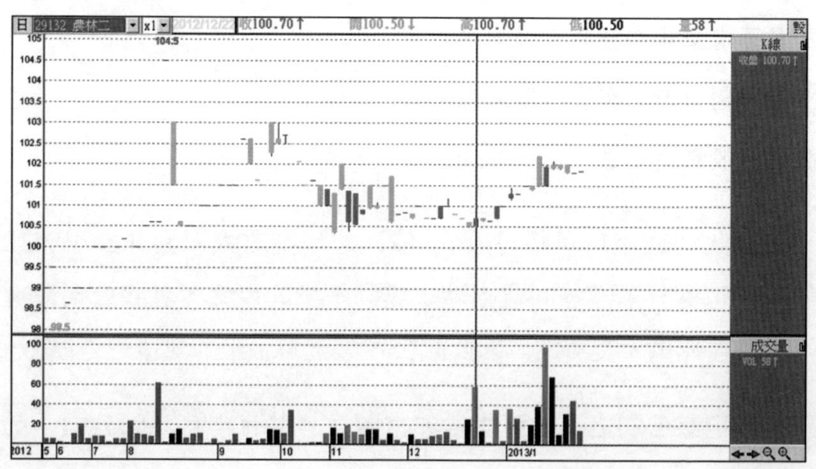

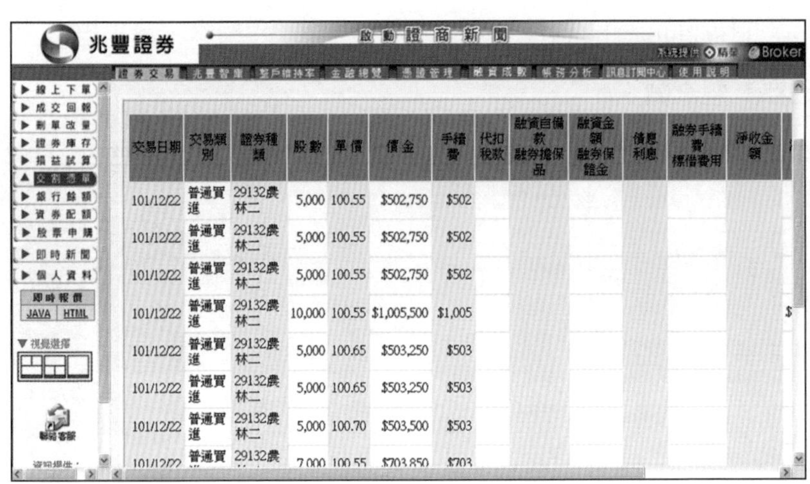

交易日期	交易類別	證券種類	股數	單價	價金	手續費	代扣稅款	融資自備款 融券擔保品	融資金額 融券保證金	債息利息	融券手續費 標借費用	淨收金額
101/12/22	普通買進	29132農林二	5,000	100.55	$502,750	$502						
101/12/22	普通買進	29132農林二	5,000	100.55	$502,750	$502						
101/12/22	普通買進	29132農林二	5,000	100.55	$502,750	$502						
101/12/22	普通買進	29132農林二	10,000	100.55	$1,005,500	$1,005						
101/12/22	普通買進	29132農林二	5,000	100.65	$503,250	$503						
101/12/22	普通買進	29132農林二	5,000	100.65	$503,250	$503						
101/12/22	普通買進	29132農林二	5,000	100.70	$503,500	$503						
101/12/22	普通買	29132農	7,000	100.55	$703,850	$703						

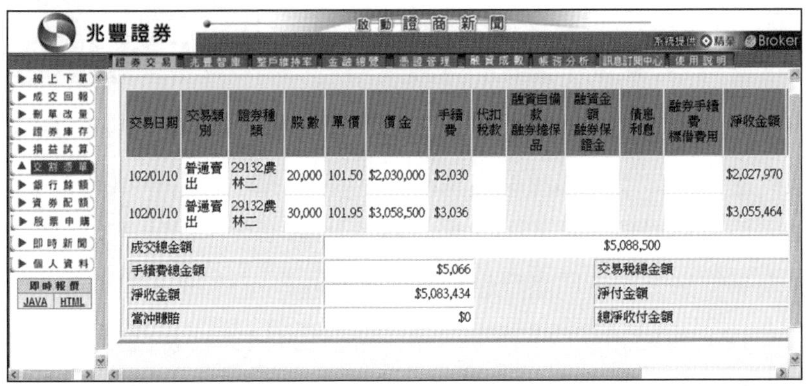

交易日期	交易類別	證券種類	股數	單價	價金	手續費	代扣稅款	融資自備款 融券擔保品	融資金額 融券保證金	債息利息	融券手續費 標借費用	淨收金額
102/01/10	普通賣出	29132農林二	20,000	101.50	$2,030,000	$2,030						$2,027,970
102/01/10	普通賣出	29132農林二	30,000	101.95	$3,058,500	$3,036						$3,055,464

成交總金額	$5,088,500		
手續費總金額	$5,066	交易稅總金額	
淨收金額	$5,083,434	淨付金額	
當沖賺賠	$0	總淨收付金額	

另外筆者2013年1月14日出清了DRAM股華亞科後，除了轉進商丞之外，也買進了威剛的可轉換公司債——威剛五（32605），威剛也是和商丞相同都是DRAM模組廠。但筆者發現這時的威剛有發行無擔保可轉債，也就是威剛五（32605），它的轉換價格為45.8元，2013年10月1日可賣回106.12元，2014年10月1日可賣回108.24元。而威剛1月14日股價為36元左右，其可轉債市價約105.5元。

記得2009年DRAM景氣回春時，威剛也從7塊多一路上漲至100多塊。如下圖：

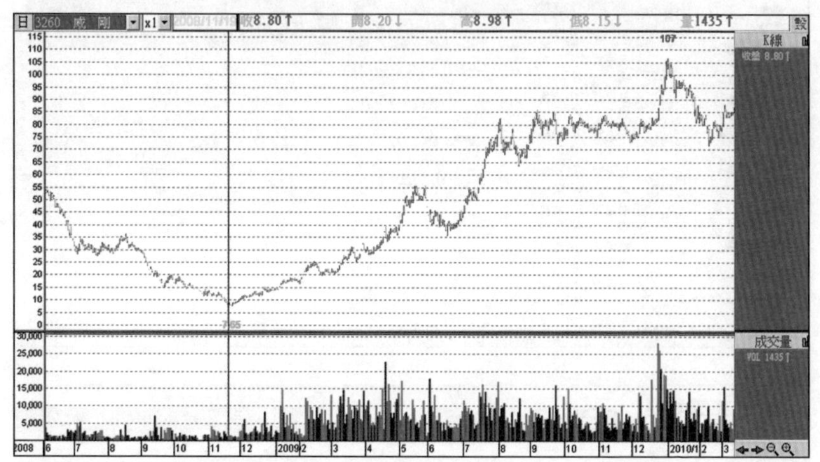

因此筆者認為，如果買進了可轉債，假設DRAM景氣2013年真的很不錯，那麼威剛至少也能漲到5、60元吧，那麼我買進的可轉債因可以轉換成威剛股票，所以獲利將會不少。但如果DRAM景氣並沒那麼好，即使威剛股價大跌，那麼我也可於2013年10月1日用106.12元賣回給該公司，甚至也可放至2014年10月1日再賣回給該公司108.24元。

這樣算起來，看對了，將會賺很多，而看錯了，卻賠不到錢，這當然比買進華亞科更安全、更划算了！也因此筆者買進了1000多萬的威剛五可轉債與一百萬左右的威鋼股票，如果有幸威剛能漲至60元，那麼可轉債也就至少價值約130幾元，獲利將高達三成，這樣當然比單純持有那300張的華亞科獲利更多了。

如果DRAM景氣並沒想像中好，而威剛不漲或下跌，那麼筆者就等到賣回日賣回給公司，對我是沒有損失的。也因此在華亞科上漲了那麼多之後，我會選擇較保守的投資配置，進可攻退可守。

發行時轉(交)換價格： 45.8000元	轉換溢價率：101.0000 %
轉(交)換期間：99/11/02～104/09/21	
最新轉(交)換價格： 45.8000元	最近轉(交)換價格生效日期：99/09/27
債息對照表內容：	
擔保情形：無，第一順位	
還本敘述： 到期一次還本	
債券賣回權條件：請參考發行及轉換辦法第20條	
賣回權收益率：2.0000%	
債券買回權條件：請參考發行及轉換辦法第19條	
買回權收益率：2.0000%	
下一次賣回權日期：101/10/01	下一次賣回權價格： 106.1200%
承銷機構：國泰綜合證券股份有限公司	
受 託 人：中國信託商業銀行股份有限公司	簽證機構：不適用
過戶機構：群益證券股份有限公司股務代理部	信用評等等級：無
本月發行餘額變動日期：101/12/31	
本月發行餘額變動原因：	
限制條款之內容：	

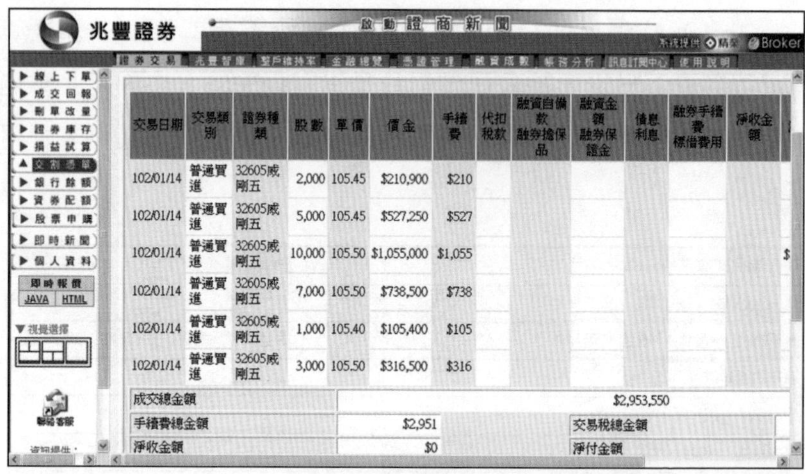

交易日期	交易類別	證券種類	股數	單價	價金	手續費	代扣稅款	融資自備款 融券擔保品	融資金額 融券保證金	債息利息	融券手續費 標借費用	淨收金額
102/01/14	普通買進	32605威剛五	2,000	105.45	$210,900	$210						
102/01/14	普通買進	32605威剛五	5,000	105.45	$527,250	$527						
102/01/14	普通買進	32605威剛五	10,000	105.50	$1,055,000	$1,055						
102/01/14	普通買進	32605威剛五	7,000	105.50	$738,500	$738						
102/01/14	普通買進	32605威剛五	1,000	105.40	$105,400	$105						
102/01/14	普通買進	32605威剛五	3,000	105.50	$316,500	$316						

成交總金額	$2,953,550		
手續費總金額	$2,951	交易稅總金額	
淨收金額	$0	淨付金額	

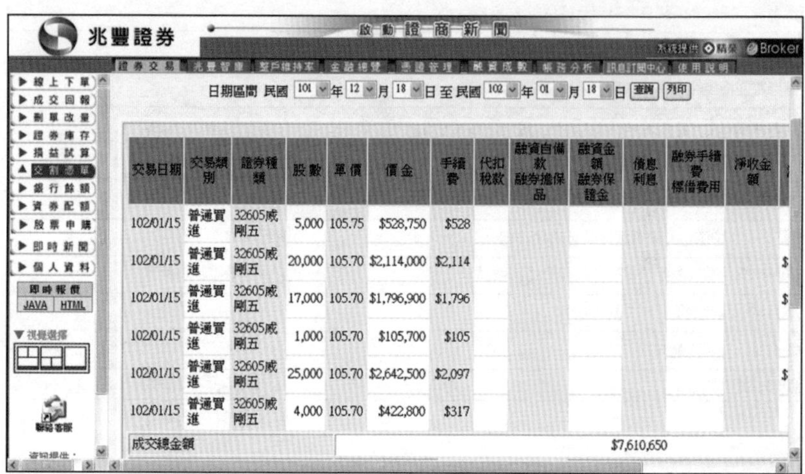

日期區間 民國 101 年 12 月 18 日 至 民國 102 年 01 月 18 日 查詢 列印

交易日期	交易類別	證券種類	股數	單價	價金	手續費	代扣稅款	融資自備款 融券擔保品	融資金額 融券保證金	債息利息	融券手續費 標借費用	淨收金額
102/01/15	普通買進	32605威剛五	5,000	105.75	$528,750	$528						
102/01/15	普通買進	32605威剛五	20,000	105.70	$2,114,000	$2,114						
102/01/15	普通買進	32605威剛五	17,000	105.70	$1,796,900	$1,796						
102/01/15	普通買進	32605威剛五	1,000	105.70	$105,700	$105						
102/01/15	普通買進	32605威剛五	25,000	105.70	$2,642,500	$2,097						
102/01/15	普通買進	32605威剛五	4,000	105.70	$422,800	$317						

成交總金額	$7,610,650

交易日期	交易類別	證券種類	股數	單價	價金	手續費	代扣稅款	融資自備款 融券擔保品	融資金額 融券保證金	債息利息	融券手續費 標借費用
102/01/14	普通買進	3260威剛	5,000	35.45	$177,250	$252					
102/01/14	普通買進	3260威剛	5,000	35.70	$178,500	$254					
102/01/14	普通買進	3260威剛	5,000	35.65	$178,250	$254					

成交總金額	$534,000		
手續費總金額	$760	交易稅總金額	
淨收金額	$0	淨付金額	
當沖賺賠	$0	總淨收付金額	

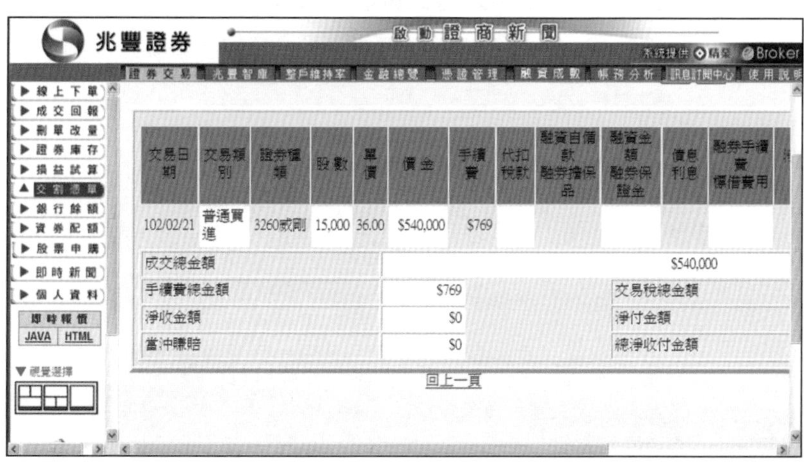

交易日期	交易類別	證券種類	股數	單價	價金	手續費	代扣稅款	融資自備款 融券擔保品	融資金額 融券保證金	債息利息	融券手續費 標借費用
102/02/21	普通買進	3260威剛	15,000	36.00	$540,000	$769					

成交總金額	$540,000		
手續費總金額	$769	交易稅總金額	
淨收金額	$0	淨付金額	
當沖賺賠	$0	總淨收付金額	

☆註

關於可轉債，它的交易成本比股票便宜許多，以手續費來說，可轉債之手續費只收取千分之一，如網路下單的話也是一樣有折扣，而證交稅則是免收的。這和股票證交稅千分之三相比，交易成本也就相對的低了許多。

可轉債賣回給公司時，利息所得的部分需分離課稅10%，不列入綜所稅，也因此假設某可轉債賣回價格為103元，不論你買進的價格為多少，利息的部分就是103－100（面額）＝3元。這3元算是利息所得，政府會先課10%的稅，而這些利息不會併入綜合所得稅，也因此賣回給公司時，投資人可以實收102.7元。

第十一章
犀利股神之操作

記得2012年第一季，聚財網舉辦了股票模擬比賽「犀利股神」，第一名獎金為18萬元；第二名獎金為5萬元；第三名獎金2萬元。所謂「重賞之下，必有勇夫」，當時參加的人數約一千多名，而因為老婆大人想換冰箱，筆者不得不為五斗米折腰，共申請了13個帳戶進入比賽，最後也僥倖拿到了第一名。記得當時3月30日是最後的結算日，比賽是以這天的個股收盤價來計算每位參賽者的獲利，在3月29日結算日的前一天，當時的第一名為我的帳號，季報酬約90%，第二名約60%左右，因此第一名已是囊中之物了。

而當時的第三名也是由我操作的，在比賽的最後一天，筆者思考了許久，該如何才能夠逆轉勝讓第三名的帳號拿下第二名呢？當時我決定於3月29日買進彩晶與華映，而隔日彩晶與華映紛紛大漲，第三名帳號也因此逆轉勝。在這次比賽中，我一次拿下了第一與第二名。

當時我收到不少網友的詢問，為何篤定當時華映與彩晶3月30日當天會大漲呢？原因很簡單，當時的彩晶因股價短期漲幅過大，而被處置了分盤交易，20分鐘一盤，而分盤交易的處置最後一天即為3月29日，因此3月30日將恢復正常交易。

臺灣證券交易所有價證券處置交易資訊公告

中華民國101年3月15日

1. 處置原因：自民國一百零一年三月三日起十個營業日有六個營業日達本公司「公布注意交易資訊」標準，且該股票於最近三十個營業日內曾發布處置交易資訊。
2. 處置期間：自民國一百零一年三月十六日起至一百零一年三月二十九日〔十個營業日，如遇休市或有價證券停止買賣則順延執行，另該有價證券如遭取消或採行變更交易方法【含分盤集合競價】時，則依本作業要點或變更交易方法有價證券交易作業辦法辦理〕。
3. 處置措施：
   a. 以人工管制之撮合終端機執行撮合作業（約每二十分鐘撮合一次）。
   b. 投資人每日委託買賣該有價證券數量單筆達十交易單位或多筆累積達三十交易單位以上時，應就其當日已委託之買賣，向該投資人收取全部之買進價金或賣出證券。

另外我們可以知道，彩晶當時是單筆委託達10張或多筆累積達30張以上，就如同全額交割股一樣，券商須先收足款項才能下單，雖然該股累積買進未達30張就不需要先轉錢，但彩晶當時平均一日的成交量皆為數萬張，股價約2塊多，因為股價太低且成交量又大，所以就連一般的投資人，隨便買個10萬元的彩晶就必須要先轉錢了（因張數超過30張），這和打入全額交割股的意思是差不多的。如果該股平常量就不大，例如每天的成交量約幾十張，那麼如果被如此分盤交易，相對的影響就較小了。

2012年3月16日，6116被分盤交易後，開盤即重挫。

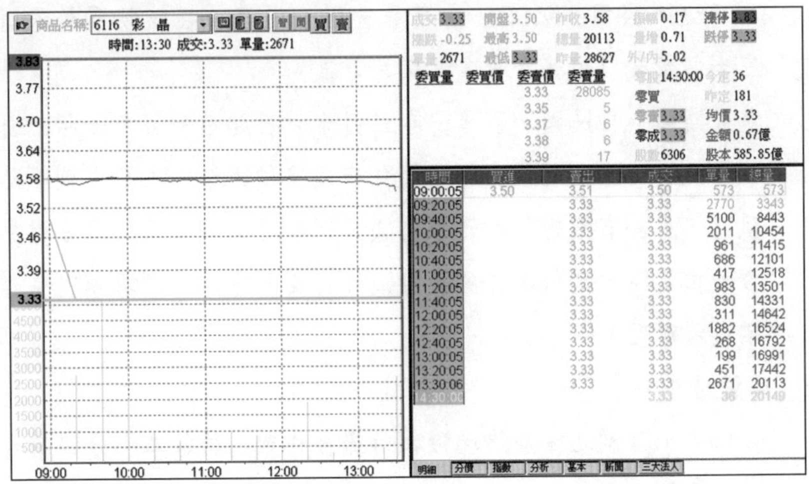

時間	買進	賣出	成交	單量	總量
09:00:05	3.50	3.51	3.50	573	573
09:20:05		3.33	3.33	2770	3343
09:40:05		3.33	3.33	5100	8443
10:00:05		3.33	3.33	2011	10454
10:20:05		3.33	3.33	961	11415
10:40:05		3.33	3.33	686	12101
11:00:05		3.33	3.33	417	12518
11:20:05		3.33	3.33	983	13501
11:40:05		3.33	3.33	830	14331
12:00:05		3.33	3.33	311	14642
12:20:05		3.33	3.33	1882	16524
12:40:05		3.33	3.33	268	16792
13:00:05		3.33	3.33	199	16991
13:20:05		3.33	3.33	451	17442
13:30:06		3.33	3.33	2671	20113
14:30:00			3.33	36	20149

也因此筆者於恢復普通交易日的前一天，虛擬比賽的帳號買進了彩晶。如下圖：

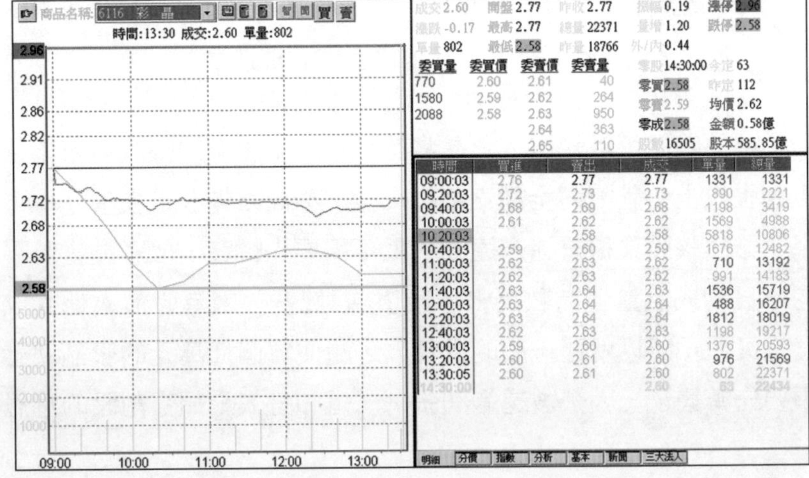

時間	買進	賣出	成交	單量	總量
09:00:03	2.76	2.77	2.77	1331	1331
09:20:03	2.72	2.73	2.73	890	2221
09:40:03	2.68	2.69	2.68	1198	3419
10:00:03	2.61	2.62	2.62	1569	4988
10:20:03		2.58	2.58	5818	10806
10:40:03	2.59	2.60	2.59	1676	12482
11:00:03	2.62	2.63	2.62	710	13192
11:20:03	2.62	2.63	2.62	991	14183
11:40:03	2.63	2.64	2.63	1536	15719
12:00:03	2.63	2.64	2.64	488	16207
12:20:03	2.63	2.64	2.64	1812	18019
12:40:03	2.62	2.63	2.63	1198	19217
13:00:03	2.59	2.60	2.60	1376	20593
13:20:03	2.60	2.61	2.60	976	21569
13:30:05	2.60	2.61	2.60	802	22371
14:30:00			2.60	63	22434

隔日彩晶恢復成普通交易後，開盤股價即大漲。如下圖：

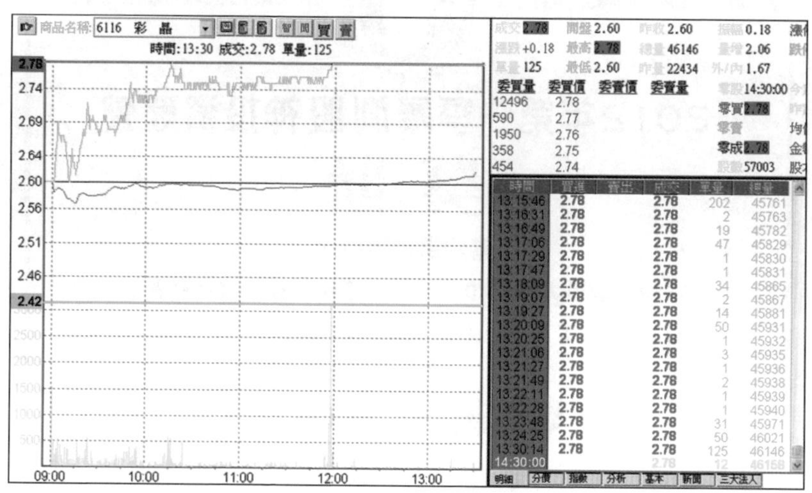

而買進華映的原因則是因為華映與彩晶皆為小型面板的同類股，當時股價連動性極高，因比賽規定每檔股票最多只能下總資產之四成，無法全壓單一檔股票，故筆者認為彩晶大漲的同時將會帶動同類股的華映上漲，所以也買進了同類股華映。

2012年3月30日華映當日走勢圖

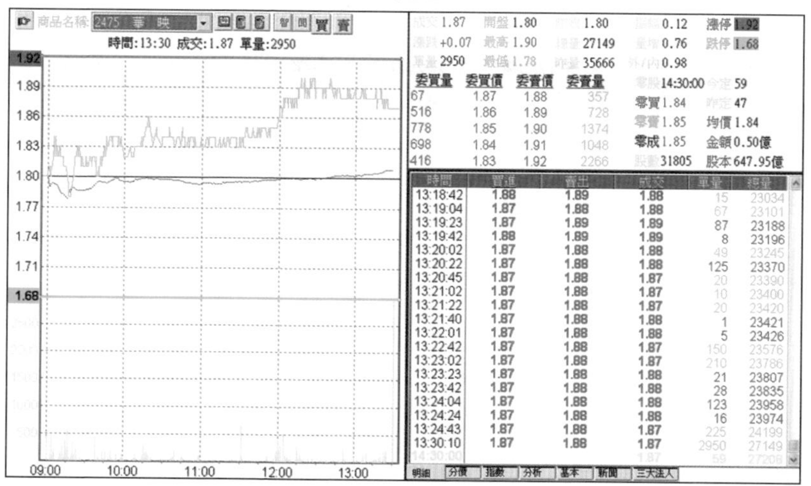

2012年第一季犀利股神投資競賽

獎狀

當沖贏家陳信宏

參加本公司主辦「2012年第一季犀利股神投資競賽」

榮獲 第 1 名，特頒此狀，以茲證明！

聚財網　聚財資訊

中華民國 101 年 03 月 30 日

當然除了虛擬比賽下單之外，筆者實際上3月29日2.58元也是買進了彩晶500張。

成交日期	交易管道	交易別	商品名稱	成交價格	成交股數	成交金額	手續費	交易稅	融資金/融券保證金	融資自備款/融券擔保品
2012/03/29		現股買進	彩晶(6116)	2.58	400,000	1,032,000	249	0	0	0
2012/03/29		現股買進	彩晶(6116)	2.59	100,000	259,000	62	0	0	0
						1,291,...	311	0		

成交金額	1,291,000	應收付金額	-1,291,311	手續費	311	交易稅

3月29日彩晶開平盤走低，而我是買進在跌停板。或許有讀者會問，為何不買進在平盤呢？怎麼這麼厲害成交於跌停呢？其實很簡單，因為隔日將有利多，也因此越接近收盤時買進將會越安全，所以我當天本來打算尾盤時再買進，但當日盤中跌停已經是當日的最低價了，如果此時買在跌停板，收盤時買到的價格不可能會再比跌停價更低了，也因此盤中在跌停板2.58元就先行買進500張持股，於隔日2.72元附近再出清了500張持股。

成交日期	交易別	商品名稱	成交價格	成交股數	成交金額	應收付金額	手續費	交易稅	融資金/融券保證金	融資自備款/融券擔保品	利息/債息	融券手續費	證所稅/補保費
2012/03/30	現股賣出	彩晶(6116)	2.68	38,000	101,840	101,511	24	305	0	0	0	0	0
2012/03/30	現股賣出	彩晶(6116)	2.68	62,000	166,160	165,622	40	498	0	0	0	0	0
2012/03/30	現股買進	彩晶(6116)	2.73	62,000	169,260	-169,300	40	0	0	0	0	0	0
2012/03/30	現股買進	彩晶(6116)	2.73	62,000	169,260	-169,300	40	0	0	0	0	0	0
2012/03/30	現股賣出	彩晶(6116)	2.75	100,000	275,000	274,109	66	825	0	0	0	0	0
2012/03/30	現股賣出	彩晶(6116)	2.74	100,000	274,000	273,112	66	822	0	0	0	0	0
2012/03/30	現股賣出	彩晶(6116)	2.73	100,000	273,000	272,115	66	819	0	0	0	0	0
2012/03/30	現股賣出	彩晶(6116)	2.74	50,000	137,000	136,556	33	411	0	0	0	0	0
2012/03/30	現股賣出	彩晶(6116)	2.73	50,000	136,500	136,058	33	409	0	0	0	0	0
小計					1,702,...	1,020,483	408	4,089			0	0	0

成交金額	1,702,020	應收付金額	1,020,483	手續費	408	交易稅	4,089	融券手續費

從20萬到6000萬
的操盤之路

第十二章
好用的工具介紹與推薦

市場上有不少投資人認為可以追蹤主力的籌碼流向，從而搭上順風車，因此不少的投資人每天盤後都會看券商主力進出表，所謂的券商主力進出表指的是買進該股券商的前幾名與賣出該股之券商前幾名，但是這樣的統計其實並不客觀。今日富邦證券共買進了3000張，並不表示是同一人買進的，這只是表示全部的富邦證券所有分公司當日共買進了3000張，而這可能是許多客戶所為。不過如果我們能查詢到富邦證券各分公司的買賣張數，甚至於各分公司成交價格，那麼對於追蹤主力的進出，將更有準確度。至於何處可以查看呢？以下是筆者常使用到的一些網站，在此和大家分享：

兆豐證券 Mega Securities

證券 期貨 基金 海外商品 股務 新金融 興櫃 債券 財管信託

設成首頁 加入最愛 股票代號/名稱 1441 查詢 代碼表

回首頁 大盤分析 產業分析 個股分析 智慧選股 公佈欄 新聞總覽 國際股市 新版證期下單 舊股票下單 預約開戶

債券基金(本基金主要係投資於非投資等級之高風險債券)自1月24日起進行額度控管

股票代號/名稱 1441 查詢

個股分析：個股K線圖、動態報導、個股速覽、所屬產業、相關權證

基本分析

籌碼分析：籌碼分佈、董監持股、法人持股、集保庫存、融資融券、主力進出

財務分析

技術分析

大東(1441) 近一日累計 主力進出明細

單位：張 最後更新日：02/

買超					賣超				
買超券商	買進	賣出	買超	佔成交比重	賣超券商	買進	賣出	賣超	佔成交比重
彰銀	51	0	51	16.67%	合庫	0	55	55	17.9
群益金鼎證券	61	19	42	13.73%	國票證券	4	44	40	13.0
華南永昌證券	30	9	21	6.86%	永豐金證券	1	22	21	6.8
元大寶來證券	61	41	20	6.54%	大眾證券	0	14	14	4.5
日盛證券	16	5	11	3.59%	統一證券	12	23	11	3.5
兆豐證券	25	16	9	2.94%	新光證券	0	10	10	3.2
富邦證券	5	2	3	0.98%	土銀	0	5	5	1.6
德信證券	3	0	3	0.98%	元富證券	1	6	5	1.6
玉山證券	8	5	3	0.98%	中信銀證	0	4	4	1.3
石橋證券	2	0	2	0.65%	瑞士信貸	9	13	4	1.3
台中商銀	2	0	2	0.65%	豐興證券	0	3	3	0.9
第一金證券	2	0	2	0.65%	康和證券	0	0	0	N
凱基證券	10	8	2	0.65%					
大華證券	1	0	1	0.33%					
大昌證券	0	0	0	N/A					

一般的主力進出表僅能看到各券商的總買進張數。

查詢上市股票當日各券商分公司進出：http://bsr.twse.com.tw/bshtm/

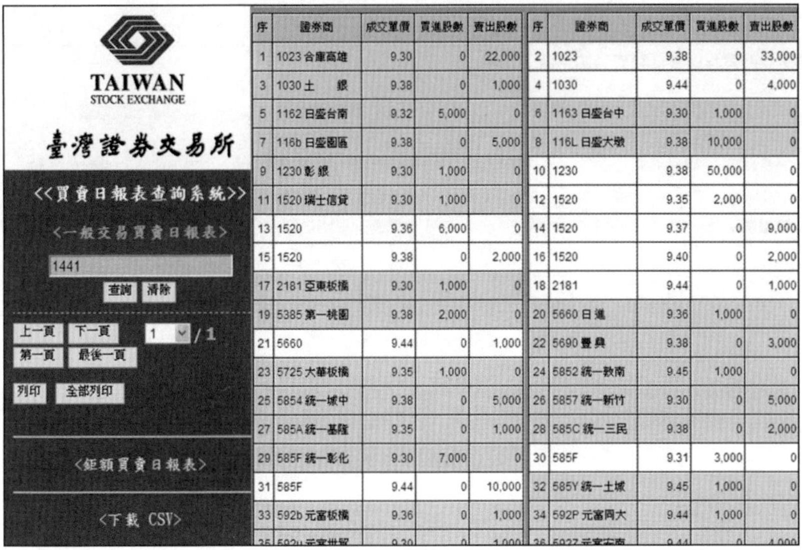

TAIWAN
STOCK EXCHANGE
臺灣證券交易所

<<買賣日報表查詢系統>>

<一般交易買賣日報表>

1441

查詢 清除

上一頁 下一頁 1 /1
第一頁 最後一頁

列印 全部列印

<鉅額買賣日報表>

<下載 CSV>

序	證券商	成交單價	買進股數	賣出股數	序	證券商	成交單價	買進股數	賣出股數
1	1023 合庫高雄	9.30	0	22,000	2	1023	9.38	0	33,000
3	1030 土　銀	9.38	0	1,000	4	1030	9.44	0	4,000
5	1162 日盛台南	9.32	5,000	0	6	1163 日盛台中	9.30	1,000	0
7	116b 日盛園區	9.38	0	5,000	8	116L 日盛大墩	9.38	10,000	0
9	1230 彰 銀	9.30	1,000	0	10	1230	9.38	50,000	0
11	1520 瑞士信貸	9.30	1,000	0	12	1520	9.35	2,000	0
13	1520	9.36	6,000	0	14	1520	9.37	0	9,000
15	1520	9.38	0	2,000	16	1520	9.40	0	2,000
17	2181 亞東板橋	9.30	1,000	0	18	2181	9.44	0	1,000
19	5385 第一桃園	9.38	2,000	0	20	5660 日 進	9.36	1,000	0
21	5660	9.44	0	1,000	22	5690 豐 興	9.38	0	3,000
23	5725 大華板橋	9.35	1,000	0	24	5852 統一敦南	9.45	1,000	0
25	5854 統一城中	9.38	0	5,000	26	5857 統一新竹	9.30	0	5,000
27	585A 統一基隆	9.35	0	1,000	28	585C 統一三民	9.38	0	2,000
29	585F 統一彰化	9.30	7,000	0	30	585F	9.31	3,000	0
31	585F	9.44	0	10,000	32	585Y 統一土城	9.45	1,000	0
33	592b 元富板橋	9.36	0	1,000	34	592P 元富同大	9.44	1,000	0
35	592u 元富世貿	9.30	0	1,000	36	5927 元富安南	9.44	0	4,000

從上圖我們可以看到各券商之分公司買進張數與成交價格。

查詢上櫃股票當日各券商分公司進出：

http://www.gretai.org.tw/ch/stock/aftertrading/broker_trading/brokerBS.php

券商買賣證券日報表查詢系統

請輸入股票代碼：5314 確定 代號查詢

證券代號：5314 世紀		交易日期：1020108	下載CSV 下載全部CSV
成交筆數：71	成交金額：1,397,966 元	成交股數：124,610	週轉率(%)：0.20
開盤價：11.40	最高價：11.40	最低價：11.10	收盤價：11.10

序號	券商	價格	買進股數	賣出股數	序號	券商	價格	買進股數	賣出股數
1	1021 合庫台中	11.10	0	1,000	51	9108 群益海山	11.10	0	8,000
2	1166 日盛雙和	11.25	0	6,000	52	910D 群益大興	11.30	1,000	0
3	116G 日盛景美	11.30	5,000	0	53	9185 群益台南	11.10	2,000	0
4	116J 日盛板中	11.10	1,000	0	54	9187 群益彰化	11.10	500	0
5	116S 日盛新莊	11.10	0	2	55	9202 凱基中港	11.10	0	30,000
6	1520 瑞士信貸	11.25	2,000	0	56	9223 凱基豐中	11.10	3,000	0
7	1520	11.35	1,000	0	57	9229 凱基中山	11.40	0	1,000
8	2180 亞東	11.30	1,000	0	58	922C 凱基屏東	11.10	399	0
9	2180	11.40	1,000	0	59	9255 凱基和平	11.10	0	67
10	5262 大慶楊梅	11.25	0	1,000	60	9255	11.30	0	1,000
11	5690 豐興	11.10	2,000	0	61	9257 凱基林口	11.25	2,000	0

當然查詢各分公司之分點進出，並非百分百準確的，畢竟上有政策，下有對策，主力們也可能透過多人頭帳戶或是股票匯撥等方式，而將股票a進b出，因此對於籌碼面有興趣之讀者，就要多用心詳加觀察了。nvesto這個網站不需加入會員，即可免費查詢過去一段時間券商分公司之股票歷史進出統計，對於我們做功課研究籌碼面等，有極大的幫助。

網址如下：http://www.nvesto.com/

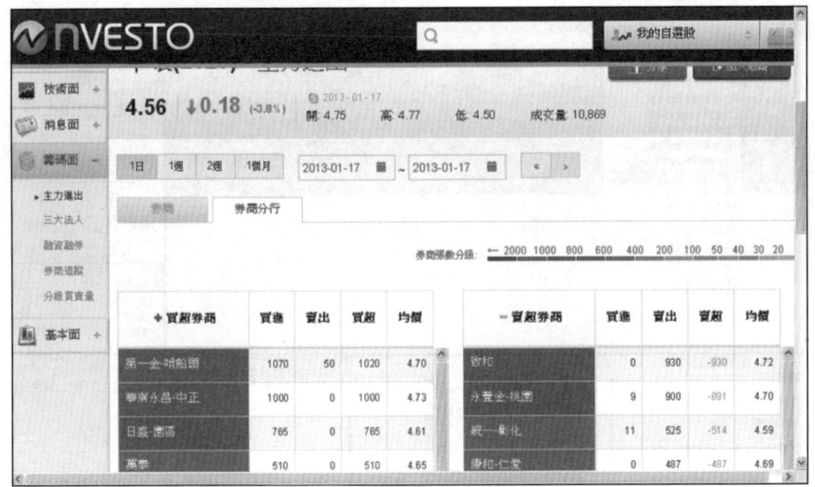

輸入股票代號後，點選「籌碼面」裡的「主力進出」，再選擇「券商分行」即可，我們也可查詢某特定日期或區間的分公司進出。

另外各位讀者們若是想要自己做統計研究過去個股當日走勢圖，筆者推薦「兆豐旺得福」是不錯的免費軟體，安裝軟體登入網路後，按「檔案」，選擇「歷史行情下載」，再下載過去幾年或某段時間的歷史行情，第一次下載歷史資料可能會花費幾個小時的時間。

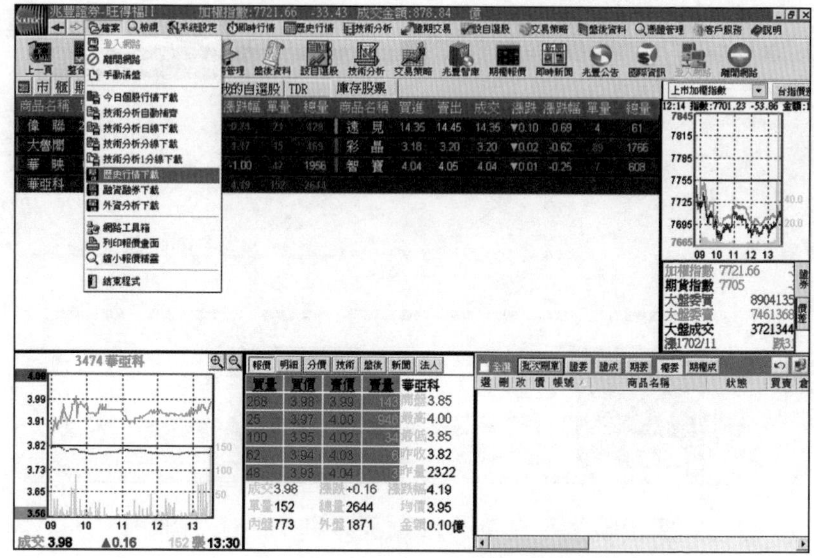

下載後要查詢過去某日的當日走勢圖，只需點選軟體裡的「歷史行情」，再選擇日期即可。紅色的日期即代表資料已經下載過，可讀取了，而要看最新的行情資料，只需點選上方「接收即時行情」，再按確定即可。如下圖：

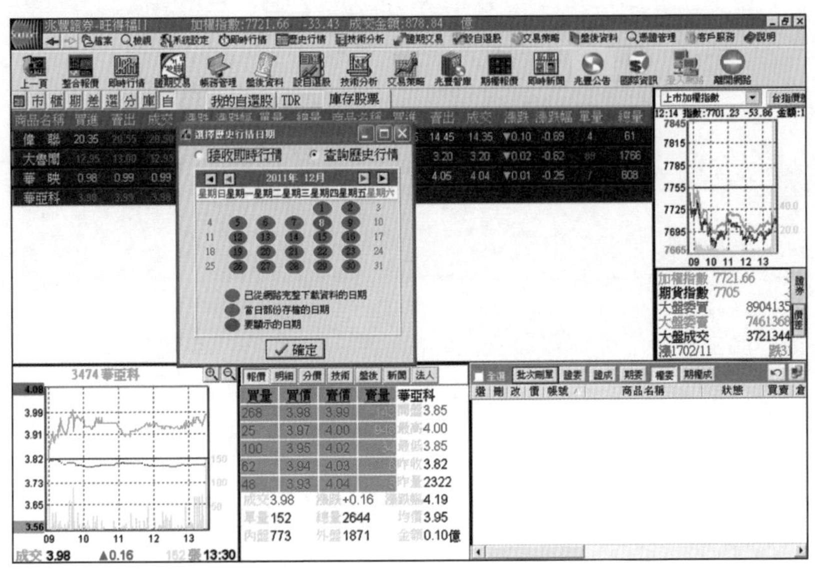

紅色的日期即代表資料已經下載過，可讀取了，而要看最新的行情資料，只需點選上方「接收即時行情」，再按確定即可。

從20萬到6000萬
的操盤之路

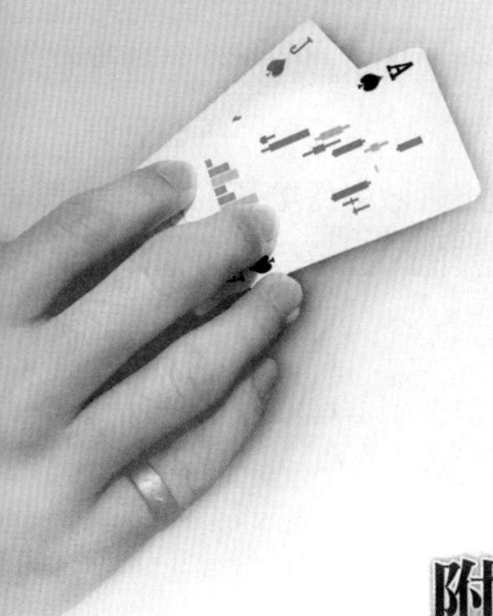

附　錄

台灣股市目前的交易制度為集合競價，所謂的集合競價就是將已輸入交易所電腦系統的買賣單，買方依檔位價將所有買單由高至低累計，賣方依檔位價將所有賣出張數由低至高累計，再找出能滿足最大成交量的檔位價作為成交價，各檔位價的成交量就是該價位買方或賣方較少一方的累計張數。

看完了以上字面的解釋後，肯定很多讀者越看越模糊了，故筆者先以盤中例子來說明。

假設某檔股票最佳買賣五檔為下表：

表(A)

買進	張數	賣出	張數
53.0	30	53.1	33
52.9	25	53.2	35
52.8	28	53.3	38
52.7	40	53.4	40
52.6	42	53.5	33

如果這時我掛53.1元買進20張，那麼將會出現53.1元成交20張。

買進	張數	賣出	張數
53.0	30	53.1	13
52.9	25	53.2	35
52.8	28	53.3	38
52.7	40	53.4	40
52.6	42	53.5	33

表(A)

買進	張數	賣出	張數
53.0	30	53.1	33
52.9	25	53.2	35
52.8	28	53.3	38
52.7	40	53.4	40
52.6	42	53.5	33

現在再重新回到表(A)，如果我掛53.6元買進20張，那麼將會出現53.1元成交20張。

買進	張數	賣出	張數
53.0	30	53.1	13
52.9	25	53.2	35
52.8	28	53.3	38
52.7	40	53.4	40
52.6	42	53.5	33

表(A)

買進	張數	賣出	張數
53.0	30	53.1	33
52.9	25	53.2	35
52.8	28	53.3	38
52.7	40	53.4	40
52.6	42	53.5	33

現在再重新回到表(A)，如果我掛53.1元買進40張，那麼將會出現53.1元成交33張,而53.1委買則有7張。

買進	張數	賣出	張數
53.1	7	53.2	35
53	30	53.3	38
52.9	25	53.4	40
52.8	28	53.5	33
52.7	40	53.6	50

表(A)

買進	張數	賣出	張數
53.0	30	53.1	33
52.9	25	53.2	35
52.8	28	53.3	38
52.7	40	53.4	40
52.6	42	53.5	33

現在再重新回到表(A)，如果我掛53.6元買進50張，那麼理論上應該會出現53.1元成交33張、53.2成交17張，但實際上並不是這樣的。

因為台股盤中是集合競價，每20秒左右會撮合一次，也就是說撮合時只會出現成交一個最佳的價格，故回到圖A，如果我掛53.6元買進50張，那麼將會出現53.2元成交50張。

買進	張數	賣出	張數
53.0	30	53.2	18
52.9	25	53.3	38
52.8	28	53.4	40
52.7	40	53.5	33
52.6	42	53.6	20

表(A)53.2元要賣的這35張，將有17張會被成交掉。至於在53.2元本來要賣的有35張，結果只有17張能賣出，那麼誰先誰後呢？同價格53.2元的賣單就以掛單的時間順序先後為準了。

同理，重新回到表(A)：

表(A)

買進	張數	賣出	張數
53.0	30	53.1	33
52.9	25	53.2	35
52.8	28	53.3	38
52.7	40	53.4	40
52.6	42	53.5	33

我掛53.6買進160張，那麼將會成交在53.5元，成交160張。

53.1元要賣出的33張將成交在53.5元；

53.2元要賣出的35張也成交在53.5元；

53.3元要賣出的38張也成交在53.5元；

53.4元要賣出的40張也成交在53.5元；

53.5元要賣出的33張將會有14張成交在53.5元。

這些原本要賣掛53.1元、53.2元或53.3元、53.4元要賣出的委賣單，將會成交在比自己預訂的價格還要好的價位，這就是所謂的穿價或跳檔。

開盤價與收盤價的原理也都是採用集合競價，開盤前8點30分～9點這段時間，證交所會收集所有的委買與委賣單，由電腦自動排序，撮合出一個最適當的開盤，例如開盤前委買與委賣單共有如下：

買進	張數	賣出	張數
54.0	30	52	5
53.8	10	52.1	5
52.8	28	53.3	38
52.7	40	53.4	40
52.6	42	53.5	33

那麼開盤價將是53.3元，成交40張，開盤前委託54元與53.8元的買單將成交於53.3，而開盤前委託52、52.1與53.3元之賣單亦將成交於53.3元，委賣53.3元則尚有8張未成交。開盤第一筆將如下：

53.3元成交40張

買進	張數	賣出	張數
52.8	28	53.3	8
52.7	40	53.4	40
52.6	42	53.5	33
52.5	10	53.6	20
52.4	25	53.7	15

收盤價與開盤價的原理則是相同。

從20萬到6000萬
的操盤之路

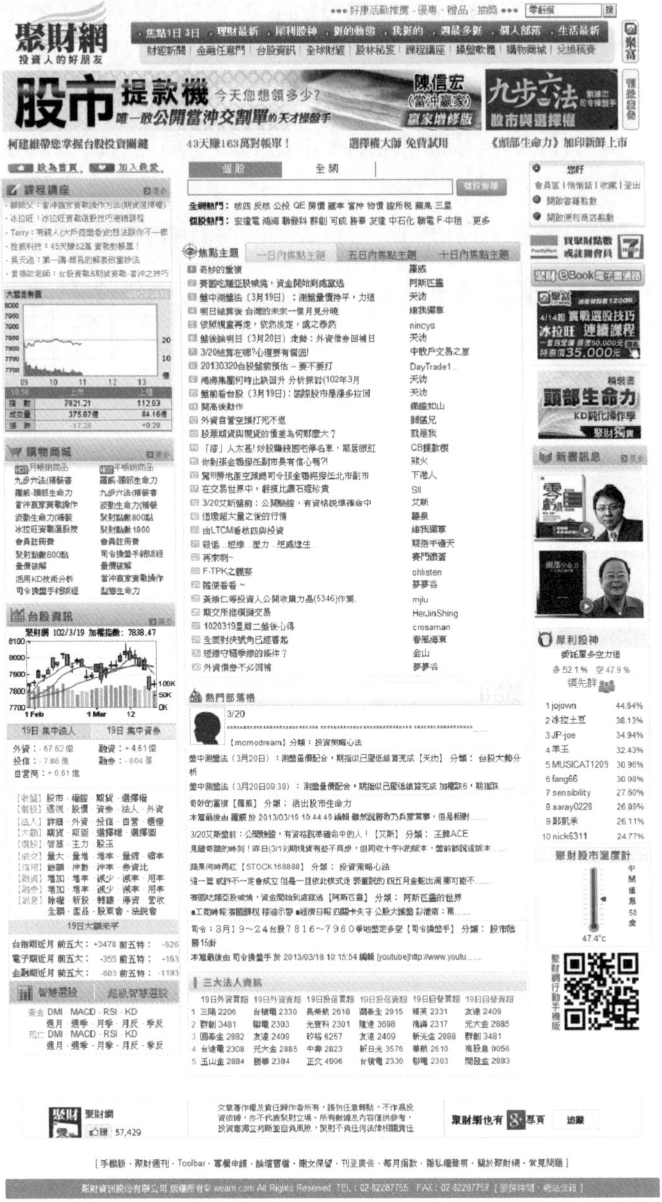

最後一頁隨書附贈的聚財點數100點如何使用？

聚財網是台灣知名財經網站，每天都有數十萬人次在聚財網上查資料及討論
聚財網上有許多精彩的文章及功能需要使用聚財點數才能閱讀或使用，
購買本書的讀者，千萬不要浪費隨書附贈的聚財點數！

如果您非聚財網的會員，可以利用隨書附贈的聚財點數註冊成為會員，並開
聚財點數100點！

如果您已是聚財網會員，可以利用隨書附贈的聚財點數開啟聚財點數120點

您還等什麼！現在就翻開最後一頁，並上聚財網開啟聚財點數吧！

聚財網
http://www.wearn.com

開啟聚財點數請至
http://www.wearn.com/open/

若有任何問題，歡迎於台北上班時間與我們聯絡，電話：02-82287755
或利用意見服務信箱，我們收到後，會以最快的速度協助解決，非常感謝您

陳信宏（當沖贏家）個人著作

A042

股市提款卡

絕不龜縮！再度公開當沖交割單！

定　價：320元

http://www.wearn.com/book/A042.asp

股市沒有專家，只有贏家與輸家。本書為您開啟致富的鑰匙！

在股市裡，許多所謂的大師對於未來的行情總能夠說得頭頭是道，但是真正拿得出交割單的有幾位呢？主要的原因就在於，其看法與實際操作往往不盡相同。

本書作者願意再度提供買賣對帳單，證明在股市裡是長期實質獲利，並以自身豐富的實戰經驗，教導大家如何成為股市裡的少數贏家。

A083

股市提款機(贏家增修版)

唯一敢公開當沖交割單的天才操盤手

定　價：330元

http://www.wearn.com/book/A083.asp

看一位股市裡的實戰操盤手如何「反市場操作」，每月在股海裡穩定獲利數十萬，把股市當成自己的提款機。

市面上關於股市的書籍汗牛充棟，本書與其它書籍最大的區別在於，作者願意提供買賣當沖交割單，證明在股市裡是長期實質獲利，並以自身豐富的實戰經驗，教導大家如何成為股市裡的少數贏家。

聚財網叢書

書名	作者
A001 八敗人生	吳德洋
A005 期股投機賺錢寶典	肖杰
A006 台股多空避險操作聖經	黃博政
A009 投資路上酸甜苦辣	聚財網編
A012 窺視證券營業檯	小小掌櫃
A016 龍騰中國	鬼股子
A017 股市贏家策略	聚財網編
A018 決戰中環	鬼股子
A021 致富懶人包	黃書楷
A023 投資唯心論	黃定國
A024 漲跌停幕後的真相	鬼股子
A025 專業操盤人的致富密碼	華仔
A026 小散戶的股市生存之道	吳銘哲
A027 投資致富50訣	陳嘉進
A030 一個散戶的成長	蔡燿光
A031 世紀大作手	鬼股子
A032 股票基金雙聖杯	劉建忠
A033 用心致富	張凱文
A034 趨勢生命力	賴宣名
A035 變臉	王陽生
A038 基金，騙局？一場夢！	王仲麟
A039 台指當沖交易秘訣	李堯勳
A040 技術分析不設防	cola
A041 漫步台股	維我獨尊
A042 股市提款卡	陳信宏
A043 買進飆股不求人	劉富生
A044 驫犇猋股有麝	呂佳霖
A045 2012台北・北京・上海黃金三角	萬瑞君

書名	作者
A046 不好意思，我贏了！	王仲
A047 買進飆股不求人 2	劉富
A048 能知明日富可敵國	李南
A049 向獲利Say High	吳銘
A050 基金野人實戰獲利傳奇	陳峻
A051 與選擇權有約	林冠
A053 股市心經	小白
A054 征服金融大海嘯	華仔
A055 致富生命K棒	呂佳
A056 菜籃族跟我走	陳仲
A057 關鍵價位	徐華
A058 三分法操作策略	cola
A059 活出股市生命力全彩增訂版	賴宣
A060 海賊操盤法	陳璨
A061 選擇權不盯盤	劉建
A062 勝負的起跑點	黃定
A063 致富絕學	李南
A064 股市作手	鬼股
A065 交易與馬的屁股	徐華
A066 趨勢密碼	黃肇
A067 日落大稻埕	鬼股
A068 尊榮實戰操作技巧	天魁
A069 高勝算選擇權策略21講	洛神
A070 金融交易的天堂與地獄	黃律
A071 型態生命力	賴宣
A072 台股潛規則四季爆	王仲
A073 當股神來敲門	陳璨
A074 期貨程式交易SOP	曾永

國家圖書館出版品預行編目(CIP)資料

股市提款密技：從20萬到6000萬的操盤之路 / 陳信宏著.
--初版. -- 新北市 : 聚財資訊, 2013. 04
面 ; 公分. --(聚財網叢書 ; A086)

ISBN 978-986-6366-57-4 (平裝)

1.股票投資 2.投資技術

563.53 102004629

聚財網叢書 A086

股市提款密技：從20萬到6000萬的操盤之路

作　者 陳信宏
總編輯 莊鳳玉
編　校 高怡卿・黃筱瑋
設　計 陳媚鈴

出版者 聚財資訊股份有限公司
地　址 23557 新北市中和區板南路653號18樓
電　話 (02) 8228-7755
傳　真 (02) 8228-7757

軟體提供 兆豐證券旺得福

法律顧問 萬業法律事務所 湯明亮 律師

總經銷 聯合發行股份有限公司
地　址 231 新北市新店區寶橋路235巷6弄6號2樓
電　話 (02) 2917-8022
傳　真 (02) 2915-6275
訂書專線 (02) 2917-8022

ISBN 978-986-6366-57-4
版　次 2013年4月初版
定　價 320 元